우회전 에너지를 잡아라!

롸잇 에너지

Right Energy

小日向, 백 랑 /著

왜 내 삶은 자꾸 막히는 걸까? 해답은 있다!

Right-turn
Energy

구회전
에너지를 잡아라

"인생 왜 계속 막히는 걸까?" 해답은 방향에 있다!

小日向, 백 랑 지음

생각나눔

일러두기

  이 글은 우주 에너지에 관한 다양한 자료를 바탕으로 작성되었습니다. 영상, 서적, 블로그 등 여러 출처의 정보를 참고하여 각색 및 편집하였으며, 여기에 저자의 개인적 통찰과 의견을 더했습니다. 일부 그림은 chat gpt의 도움을 받았습니다. 따라서 본 책의 내용은 객관적 사실과 주관적 해석이 혼합되어 있음을 알려드립니다. 독자 여러분께서는 이 점을 유념하시어 비판적으로 읽어주시기 바랍니다.

"인생이 꼬일 땐, 에너지 방향을…."
당신은 지금보다 훨씬 더 잘 될 사람입니다.
2025. 여름에~

저자: 백 랑 드림.

방금 한 당신의 행동!
그거 아무것도 아닌 게 아니다. 이 세상 내게 와 닿는 모든 것들은 그것이 크든 작든 씨줄과 날줄로 서로서로 인류의 거대한 흐름과 연결되어 있다.

"혹시 지금 암 등 병마와 싸우고 계신가요?"
"하는 일마다 안 된다고 느끼시나요?"
"더 나은 직장, 더 높은 지위를, 목표를 이루고 싶으신가요?"

차례

- 일러두기   5
- 저자의 변   14
- 이 책이 나오기까지   18

제1장

우리 곁에는 천사가 있습니다	26
우주는 무한한 가능성의 바다다!	39
우리 주변의 모든 것은 에너지로 가득 차있다	46

제2장

신의 오른손이 내 어깨에 와 닿는 것이 느껴져	58
세상은 모두 선(Line)으로 연결되어 있다	64
에너지로 가득 찬 생명 지도, 휘선당착 요법	74

제3장	우주 에너지 신비를 당기다	84
	에너지 백신은 활력의 엔진을 고정한다	92
	그린 재킷을 입혀 드리겠습니다	98

제4장	삶이란 보이지 않는 실뭇줄	106
	우주의 시, 풍수지리와 음양오행	116

제5장	끊임없이 생명을 노래하는 양(陽), 우회전 에너지	128
	기운을 누르다 음(陰), 좌회전 에너지	134

제6장	기(氣), 우리에게 끊임없이 말을 건다	142
	과학의 법칙을 거스르는 어떤 힘, 피라미드	150

제7장	우리 눈에 보이지 않는 아주 작은 것들의 세계, 양자장 에너지	162
	물리적, 감정적, 정신적, 영적인 차원을 넘다, 토션장	179
	모든 생명 현상의 근본적인 원리, 극성 에너지	187

제8장	조상 귀신은 정말 존재하는가? 후손을 괴롭히는가?	196
	이것도 우주가 우리에게 보내는 메시지가 아닐까?	211
	우리의 잠재력을 깨우는 생각의 힘!	216
	에너지는 끊임없이 확장되고 순환한다	222

| 제9장 | 생각은 우리 뇌 속에 새로운 길을 만든다 | 232 |
| | 우리의 삶에 변화를 가져오고 운명을 통제할 수 있다면 | 239 |

제10장	우리는 모두 신의 환희에서 태어났다	246
	이것도 우주가 나에게 보내는 메시지가 아닐까?	257
	우회전 에너지를 잡아라!	261

- 묻고 답하기   267

저자의 변

　이 책은 우리가 살아가면서 겪는 여러 문제— 병, 일, 학교, 직장, 인간관계, 돈 등 —의 근본 원인을 '우주 자기장파 에너지'와 연결해서 설명합니다. 저자는 이런 힘든 일들이 왜 생기는지, 어떻게 극복할 수 있는지에 대해 '우주 자기장파 에너지'의 영향을 가장 중요한 열쇠라고 말합니다.

　이 책에서는 자기장파 에너지가 우리 건강과 삶에 얼마나 큰 영향을 주는지 강조합니다. 그리고 세계적으로 특별한 방법으로 에너지를 바로 측정하고 조절해서, 더 건강하고 긍정적인 삶을 살 수 있다고 주장합니다. 실제로 과학적으로도 지구 자기장이 우리 몸과 마음에 영향을 줄 수 있다는 연구가 있고, 자기장이 부족하면 건강에 문제가 생길 수 있다는 의견도 있습니다.

　이 책의 핵심은, 우리 사회와 개인의 변화를 '우주 자기장파 에너지'의 관점에서 바라보는 것입니다. 그리고 보이지 않는 이 에너지가 우리의 건강, 삶, 인간관계에 깊이 관여하고 있으니, 이를 잘 알아서 활용하면 삶이 달라질 수 있다고 말합니다.
　특히 저자는 몸과 마음의 '오른쪽으로 도는 에너지(우회전 에너지)'를 중요하게 다룹니다. 이 에너지를 우주 에너지와 연결해서, 더 강하게 만들고 고정해야 한다고 주장합니다.

저자는 우주의 96%가 아직도 우리가 모르는 영역이라는 점을 들며, 우리가 알고 있는 것이 얼마나 적은지 보여줍니다. 실제로 과학계에서도 우주의 대부분은 아직 밝혀지지 않은 암흑 에너지와 암흑 물질로 이루어져 있다고 추정하고 있습니다.

여기서 말하는 '우회전 에너지'는 신비주의가 아니라, 긍정적이고 끈기 있게 살아가는 태도를 의미합니다. 저자는 이를 '그린자켓을 입는 것'에 비유해서, 새로운 에너지와 희망을 자기 안에 채우는 자세가 진짜 변화의 열쇠라고 강조합니다. 즉, 우리 내면의 가능성을 믿고 도전하며 성장하는 마음이 중요하다는 것이죠.

이 책은 결국 우주의 미지의 에너지와 우리의 삶을 연결해서, 긍정적이고 적극적인 태도로 한계를 극복하고 더 좋은 미래를 만들 수 있다는 메시지를 전하려는 것입니다.

자기장파 에너지로 삶을 바꾸는 새로운 접근법.
건강, 인간관계, 직장, 돈까지…보이지 않는 우주 자기장, 우리의 삶을 흔들고 있습니다.
"인생, 왜 계속 막히는 걸까?" → 해답은 에너지의 방향을 바꾸는 것이고, 그러면 운명이 달라집니다!

무당은 시퍼런 작두 위에서 춤을 추어도 발바닥이 온전한데 과학은 그 원인을 증명하지 못하고 있다. 물리학계 정설에 의하면 오늘날 우주의 에너지는 4%밖에 모르고 96%는 아직도 밝혀지지 않은 암흑의 에너지로 남아있기 때문이다.

머리말
이 책이 나오기까지

박력 있게 알았지요?

필자가 이 책을 쓰기로 한 것은 어느 날 미국에서 귀국했다는 어느 노신사의 권유에서 시작되었다.

노신사는 90세가 넘으셨는데 70대처럼 보이고 정정하셨다. 목소리 또한 매우 경쾌하셨는데 인터넷에서 보았다며 필자에게 악수를 청하면서 "우리 박력 있게 합시다." 하고 운을 떼셨다.

"당신을 세계화해 주겠으니 우물 속에서 안주하지 말고 책부터 쓰라고 하러 왔소이다. 내가 미국에서 쇼핑물 하는 제자도 있으니 아마존 문고에 책을 올려놓을 수 있습니다. 당신을 살펴보았습니다. 일단 자격을 갖췄다고 생각되는데, 인류를 위하는 일이라 생각하고 세계화로 나서지요!"

노신사는 막힘이나 거리낌 없이 마치 오래전부터 알고 지내온 사이였던 듯이 말씀하셨다. 필자는 초면에 이런 제안과 격려를 들으니 기분이 좋았다. 그러나 필자의 역량을 알기에 그저 응원쯤으로 치부하였다.

노신사는 그 후부터 전화로 조언 겸 당부하는데 그 연세에 대단하셨다. 거절할 수가 없었다. 결국 책을 한번 써보겠다고 하였다. 그러나 일상에 치여 차일피일 미루기만 했다. 그러나 노신사는 잊지 않고 재촉 전화를 걸어왔다. 그리고 전화를 끊을 때는 언제나 당부하는 말씀을 잊지 않았다.

"박력 있게 쓰세요. 알았지요?"

이 말씀은 필자에게 힘이 되었고, 그 후부터 글을 써야겠다는 자기최면을 부단히 걸었다. '이것은 아주 놀랍고 놀라우며 흥미로운 특별한 에너지다. 많은 사람에게 필요한 것이다. 무엇 하고 있는 것이냐? 빨리 쓰지 않고.' 혼자 속으로 되뇌고 되뇌며 채찍질했다.

그러자 이 에너지를 알리고 싶어 안달이 났다. 세상에는 이 에너지를 받아야 할 사람들이 도처에 깔려있는데 시간만 낭비하고 있는 것 같았다.

돈? 좋은 것이지만 돈이 문제가 아니었다. 지금 꼭 필요한 사람들이 부지기수로 많은데 하루빨리 이 에너지를 꼭 전달해 주고 싶다는 의무감이 자리 잡기 시작했다.

암과 불치병으로 고통받는 이들, 하는 일마다 꼬이는 사람들, 직장을 원하거나 임원으로 승진하거나 정치가가 되고 싶은 사람들….

우주 에너지로 인해 그들의 삶이 조금이라도 나아질 수 있다면, 그것만으로도 필자의 노력은 충분히 가치 있을 것 같았다.

사실 책을 쓰기로 약속은 했지만 걱정이 앞섰다. 사람들의 반응이 두려웠다. 왜냐하면, 신비로운 부분인 초현실적인 에너지를 현실에 끌어들여야 하는 난해함 때문이었다.

"우주 백신을 맞으라고요? 우주 에너지로 활력을 증진할 수 있다고요? 지금이 어느 시대인데 그런 얘기를 하나요? 사이비 아니에요?" 분명 이런 말들이 나올 것 같았다. 필자는 공연한 논란거리가 될까 봐 염려가 되었다. 하지만 이내 마음을 잡았다. 이 에너지가 사실이란 걸 알고 있는데, 어찌 숨길 수 있겠나? 누구라도 눈앞에서 그 효과를 바로 확인시켜 줄 수 있는데 무엇이 두려운가? 이런 생각을 하니 자신감이 생겼다. 비록 지금은 이해하지 못할지라도, 시험하고 체험하면 이 에너지의 가치를 알아주는 것은 금방이라고 믿었다.

미국 아마존 문고의 영문판 출판은 나중에 생각하기로 하고, 우선 국내 출판을 목표로 책을 쓰기 시작했다. 한 글자 한 글자 써내려가 면서 흥겨웠다. 흥미로운 시간이었다. 이 책이 누군가에게 힘이 될 것이라는 데 묘한 영웅심도 일었다. 필자가 경험한 이 놀라운 에너지의 진실이 곧 세상에 나올 것이니 말이다. 생각할수록 이 책이 고통을 받고 있거나 좀 더 멋진 삶을 살기를 원하는 많은 사람에게 인생을 변화시키는 계기를 마련하여 줄 것이라는 확신이 든다. 이것은 충분히 가치 있는 일임이 분명하다.

　필자는 책 제목을 '우회전 에너지를 잡아라!'로, 부제는 '롸잇 에너지(Right energy)'로 정했다. 우회전 에너지를 잡으면 된다는 것을 직설적으로 강조한 것이다. '암 등 불치병이 치유되고, 바라는 일들이 잘 이루어진다'는 내용인데, 특정한 사람이라기보다 모든 사람이 대상이다. 제목이 원색적이라 오묘한 맛을 주지 못할지 몰라도 "박력 있게 쓰라"는 노신사의 당부에 부응하려고 노력했다. 부디 읽는 이들에게 공감되기를 간절히 바란다. 이 우회전 에너지는 단순한 것이 아니다. 복잡하다. 여러 에너지가 함께 조합되어 목표를 향한다. 우주 에너지 중에 양자장 에너지, 토션필드 에너지, 극성 에너지가 조합되어 있다.

　이들 에너지는 양(陽), 활성화 또는 생명력을 상징하며, 긍정적인 변화와 활력을 증가시킨다.

　부디 이 책을 통해 많은 사람이 에너지의 놀라운 힘을 알게 되길 바란다. 어쩌면 누군가에게는 새로운 시작이 될 수도 있을 것이다. 이 책을 읽은 누군가가 "정말 놀라운 힘이군요!"라고 말해 주길 기대해 본다.

"우리가 감정을 느낄 때 심장은 전기와 자기 파동을 만든다. 심장의 에너지가 전자기파를 만들어 에너지 필드가 반응한다. 인간의 심장은 가장 강력한 전자기장 발전기다."

제1장

우리 곁에는 천사가
있습니다

우리 곁에는 천사가 있습니다

우리는 모두 살면서 한 번쯤 '왜 하필 나에게?'라는 생각을 해봤을 것이다. 마치 머피의 법칙처럼 모든 일이 꼬이고, 운명이 우리를 시험하는 것만 같은 순간들에 말이다. 직장에서의 어려움, 병원도 포기한 암 등 불치병, 꿈꾸던 성공이 멀어지는 것 같은 느낌, 또는 그저 일상의 작고 큰 좌절들…. 이런 순간들이 모여 우리를 지치게 한다.

그러나 우리에게는 천사가 있다. 에너지 '우주 백신'을 맞으면 된다. 그것은 우회전 에너지를 잡아서 확대하여 착상시키는 것이다.

"혹시 지금 병마와 싸우고 계신가요?"
"하는 일마다 안 된다고 느끼시나요?"
"더 나은 직장, 더 높은 지위를 꿈꾸고 계신가요?"

그렇다면 지금 바로 우주 에너지를 잡으면 된다. 신비롭고 초현실주의 같지만 바로 눈앞에서 보여준다. 보고 새로운 기운을 불어넣으면 된다.

이 새로운 기운, 즉 우주 에너지는 마법처럼 우리의 삶을 변화시킬 수 있다. 단지 나 혼자만이 아니라 가족, 이웃, 그리고 주변 모든 이의 삶까지 밝게 만들 수 있는 힘이다.

현대 과학이 발전했다고 하지만, 우리 주변에는 여전히 설명할 수 없는 현상들이 너무나 많다. 병마와 혼돈이 중첩되어 오는 현상들, 알 수 없이 일어나는 일들, 그리고 이 우주 에너지까지. 이런 것들을 단순히 미신이나 미스터리로 치부해버리는 일들이 얼마나 많은가? 이런 현실에서 도발적인 사건이 터졌다. 바로 필자의 우주 에너지를 즉석에서 잡아 확대해 주는 사건이다. 이는 단순한 미신이 아니다. 물리학적 과학이다. 우리의 삶을 긍정적으로 바라보고, 끈기 있게 나아가라는 우주의 뜻인 것이다.

만약 이것이 우리 삶에 변화를 가져올 수 있게끔 운명을 통제할 수 있다면, 이것이야말로 새로운 인류 서사의 시작이 될 것이 분명하다. 우리의 약점, 우리의 생각, 우리의 처방, 우리의 문명에 획기적인 기원이 될 것이고, 나아갈 길은 무한대로 확장될 것이다.

하지만 여기서 중요한 것은, 과연 이 에너지는 무엇이고, 어디서 왔으며, 어떤 영향을 주고, 인생을 어떻게 변모시키는가에 대한 답변을 줘야 한다는 것이다. 알려주는 답변이 긍정에 속한다면 인류 문명의 새로운 이정표가 될 것이다.

우리는 모두 우주 에너지를 가지고 태어난다. 그러므로 삶을 변화시킬 수 있는 힘은 이 우주 에너지에 있다. 우주 에너지를 잡으면 우리의 삶에 변화가 온다. 이는 마치 새가 날개를 활짝 펼치는 것과 같다. 그것은 인생을 새롭게 살게 하는 도약의 비밀 열쇠이다. 그럼 어떻게 하면 이 에너지를 잡을 수 있을까?

우리가 사는 우주는 정말 신기하다. 모든 것이 빙글빙글 돌고 있다. 지구를 생각해 보자. 지구는 매일 자신을 중심으로 빙글빙글 도는데 이걸 '자전'이라고 한다. 그리고 지구는 태양 주위를 크게 돌기도 하는데 이건 '공전'이라고 부른다.

지구는 하루에 한 바퀴씩 자전하며, 365일에 한 번씩 태양 주위를 공전한다. 달은 지구 주위를 돌고 있다. 하늘의 별들도 마찬가지다. 모든 별이 돌고 또 돌아 모든 것이 한순간도 멈추지 않고 계속된다. 마치 우주 전체가 커다란 춤을 추는 것 같다. 밤하늘을 보면 이 멋진 춤을 상상할 수 있다.

이렇게 모든 것이 돌아가는 현상을 '리듬'이라고 할 수 있다. 우주의 리듬은 아주 중요하다. 이 리듬이 있어서 모든 생명이 살아갈 수 있으니 말이다.

우리의 몸도 이 우주의 리듬에 맞춰 움직이고 있다. 우리의 심박수, 호흡, 그리고 모든 생리적 기능이 자연의 리듬과 조화를 이루고 있다. 우리가 의식하지 못하는 사이에도 우리 몸 안의 작은 세포들 역시 계속 움직이고 있다.

이 우주의 리듬에 맞춰 모두가 움직이고 있다. 이렇게 우주의 모든 것이 돌고 도는 건 아주 특별하다. 이 회전하는 에너지가 우리 생명의 비밀이다.

이 끊임없는 회전의 에너지는 단순한 물리적 현상이 아니다. 그것은 생명의 근본적인 원리를 보여주는 것이다.

밖에 나가면 주변을 잘 살펴보자. 나뭇잎이 바람에 흔들리는 모습, 강물이 흐르는 모습, 구름이 움직이는 모습…. 이 모든 것이 우주의 큰 춤의 일부이다. 우주의 거대한 춤을 상상해 보면 경이롭다.

이 에너지는 우리 몸의 지도와 같다. 때로는 한곳에 모이기도 하고, 때로는 퍼져 나가기도 한다. 이 에너지가 잘 흐르면 우리는 건강해진다.

우리 몸 안의 에너지는 밖의 세상 에너지와 계속 이야기를 나눈다. 마치 우리가 숨을 쉬는 것처럼, 우리 몸 안에서도 에너지가 계속 움직이고 있다. 하지만 이 에너지가 잘 흐르지 못하면 어떻게 될까? 그럴 때 우리 몸이 아프게 될 수 있다. 잘 흐르지 못하면 건강치 못하다는 뜻이기도 하다. 그래서 우리는 이 에너지가 잘 흐르도록 도와줘야 한다.

우리는 아주 특별하다. 우리는 큰 우주의 작은 부분이면서, 동시에 우리 안에 우주 전체를 담고 있다. 마치 작은 물방울 안에 바다 전체가 담겨있는 것처럼 말이다. 우리 몸 안의 에너지를 잘 돌보면 우리는 더 건강하고 행복해질 수 있다. 좋은 생각을 하고, 건강한 음식을 먹고, 운동을 하면 이 에너지가 더 잘 흐를 수 있다. 이 에너지는 두 가지 종류로 나눌 수 있는데 신체에서의 에너지를 보면 오른쪽으로 도는 에너지와 왼쪽으로 도는 에너지가 있다.

이 에너지들은 우리 몸 안에서 계속 돌아다니면서 균형을 맞춘다. 마치 춤을 추는 것처럼 서로 어울리면서 움직인다. 그리고 몸 밖에서 들어오는 에너지와도 이야기를 나누며 균형을 맞춘다. 또 하나는 우주의 에너지인데 이것도 신체의 에너지와 비슷하다. 플러스(+)라고 부르는 오른쪽으로 도는 에너지와 마이너스(-)라고 부르는 왼쪽으로 도는 에너지가 있다. 오른쪽으로 도는 에너지는 밝고 긍정적인 기운을 가지고 있는데 이걸 '양(陽)'의 에너지라고 부른다. 반면에 왼쪽으로 도는 에너지는 조금 어둡고 부정적인 기운을 가지고 있다. 이건 '음(-)'의 에너지라고 한다.

우리 몸에서 이 우주 에너지는 '경락'이라는 특별한 길을 따라 흐른다. 경락은 우리 몸 구석구석으로 에너지를 전달하는 중요한 통로다.
'경혈'이라는 특별한 점들이 있는데, 이 점들에서 에너지가 모이기도 하고 퍼져 나가기도 한다.

이렇게 우리 몸은 우주의 에너지와 끊임없이 대화를 나눈다. 마치 우리가 숨을 쉬는 것처럼, 에너지도 우리 몸 안에서 계속 움직이고 있다.

우리는 가끔 기분이 좋을 때와 나쁠 때가 다르다고 느낀다. 이걸 '에너지'라고 부르기도 한다. 기분이 좋고 건강할 때는 밝은 에너지, 아프거나 슬플 때는 어두운 에너지다. 이 에너지가 오른쪽으로 돌면 좋은 일이 생기고, 왼쪽으로 돌면 안 좋은 일이 생긴다. 마치 마법 같다.

이것을 자세히 설명하기 위하여 그동안 축적한 필자의 경험을 피력해 보겠다. 암, 불치병 등 환자나 하는 일마다 안 풀리는 사람들은 마이너스 에너지(-)로, 상대에 따라 음 에너지가 움직이는 것을 체증할 수 있다.

그러나 무엇이든 잘 풀리고 건강한 사람들은 우측(陽) 에너지, 플러스(+)로 움직인다. 또한 어느 만큼인지 몇 퍼센트(%)인지까지 측량이 된다. 눈앞에서 바로 볼 수도 있는데 아주 신묘하다.

건강할 때는 밝은 에너지로 우측(陽) 에너지인 플러스(+)로 나타나고, 아프거나 슬플 때는 어두운 에너지인 마이너스(-)로 나타난다.

마이너스 에너지는 결핍을 뜻한다. 이것은 음(-), 좌회전 에너지이며 온전케 하려면 이것을 우회전 에너지, 플러스(+)로 돌려놓아야 한다. 이 비법을 잘 이용하면 우주의 티끌 같은 존재인 우리 인간들은 활력 있는 웰빙의 삶을 살 수 있다. 아픈 사람들은 더 이상 아프지 않고, 하는 일마다 잘 풀리지 않는 사람들은 모든 것이 잘 풀리며, 좀 더 나은 직장을 원하거나 임원이 되고 싶은 사람, 선거에서 당선되고 싶은 사람, 무엇을 원하든 원하는 것들이 긍정적으로 이루어지게 된다.

그럼 무조건 오른쪽으로 에너지를 돌리면 된다. 에너지를 실측하여 확장 쪽으로 고정해 놓으면 긍정적인 방향으로 변화한다. 기력이 살고 얼굴이 맑아지며 누구와도 잘 어울린다. 긍정적으로 다가가고 신뢰받으며 모든 게 잘 풀리게 하는 신비로운 힘이다.

이러한 변화는 겉으로 보기에 신비롭거나 미신 같아 보일 수 있다. 그러나 진정한 에너지의 힘을 이해하고 실천하는 순간, 즉각적이고 놀라운 변화를 경험하고, 우리는 우주 에너지의 작은 수신자이자 전달자라는 것을 알게 된다.

우주에는 방향이 있다. 수백억 광년 떨어진 은하수에서 방향만 잡고 바꾸었을 뿐인데 우리는 삶의 진정한 잠재력을 깨울 수 있게 된다. 결국 우리의 삶은 우리가 선택하는 에너지의 방향에 따라 달라진다. 플러스 에너지로 바꾸면 기운찬 삶이 도래되고, 기적과도 같은 변화를 만들어 낼 수 있다. 우주의 거대한 에너지 속에서 우리는 자신의 빛을 밝힐 수 있는 놀라운 존재들로 살 수 있다.

이 에너지는 사실 이미 오래전부터 물리학계에서 대두되었다. 현대 물리학계에서는 비주류에 속하는 에너지이긴 하다. 그러나 최근에는 과학계에서 많은 사람이 인정하는 추세에 있다. 검증 실험의 난해성으로 인해 이제껏 주류에 속하지 못하였지만 필자는 이 에너지를 언제든지 볼 수 있다. 아마도 세계에서 유일하지 않을까 싶다.

우리 주변에는 우리 눈에 보이지 않는 '전기'와 '전자기파'라는 특별한 것들이 가득하다. 이 전기와 전자기파는 마치 거대한 담요처럼 우주 전체를 덮고 있다. 이 담요는 우리 눈에 보이지 않지만 세상을 감싸고 지탱해 주고 있다. 상상해 보자. 우리가 침대 위에 누워있을 때 부드럽고 따뜻한 담요가 감싸주는 것처럼 이 보이지 않는 전기와 전자기파의 담요가 세상을 포근하게 감싸고 있다.

이 특별한 담요 덕분에 우리는 라디오를 들을 수 있고, 텔레비전을 볼 수 있다. 우리가 스마트폰으로 인터넷을 사용할 때도 이 보이지 않는 담요를 이용하는 것이다.

이 담요는 아주 매끄럽다. 마치 잘 다림질된 천처럼 우리 세상을 부드럽게 감싸고 있다. 덕분에 우리는 편안하게 살아갈 수 있다. 밖에 나가서 하늘을 올려다볼 때, 우리를 감싸고 있는 이 특별한 담요를 상상해 보자. 보이지 않지만, 우리 주변에 항상 있다.

우리 신체도 한번 보자. 과학자들이 발견한 놀라운 사실은, 우리 심장에 아주 특별한 힘이 있다는 것이다. 이 힘은 '전자기장'이라고 한다. 전자기장은 우리 눈에는 보이지 않지만, 아주 강력한 에너지다. "인간의 심장은 가장 강력한 전자기장 발전기다."라는 근사한 말도 있다.

심장은 단순히 피를 펌프질하는 근육이 아니다. 심장 안에는 4만 개가 넘는 작은 '뇌세포'들이 있다. 이 세포들 덕분에 심장은 스스로 생각하고, 기억하고, 느낄 수 있다. 그래서 과학자들은 심장을 마인드 브레인 혹은 심장 지능(heart intelligence), 즉 '작은 뇌'라고 부르기도 한다. 우리가 기분이 좋거나 나쁠 때, 심장은 특별한 에너지를 만들어 낸다. 즉 우리가 감정을 느낄 때 심장은 전기와 자기 파동을 만든다. 심장 에너지가 전자기파를 만들어 에너지 필드가 반응한다. 예를 들어 불안할 때는 심장이 조여드는 것 같고, 설렐 때는 쿵쿵 뛰는 걸 느낄 수 있다.

심장은 정말 빠르다! 우리가 누군가를 만났을 때, 그 사람의 기분이 좋은지 나쁜지를 알아챌 수 있다. 심장은 전기적 신호보다 더 빨리 감지하기 때문에 상대방의 에너지가 좋은지 나쁜지를 0.1~0.2초 이내에 '느낌'으로 알 수 있다. 이건 우리가 생각으로 판단하기도 전에 심장이 먼저 느끼는 것이다.

그러므로 우리의 심장은 마법 같은 힘을 가진 특별한 친구다. 항상 우리의 감정을 이해하고, 세상과 소통하는 데 도움을 주고 있다.

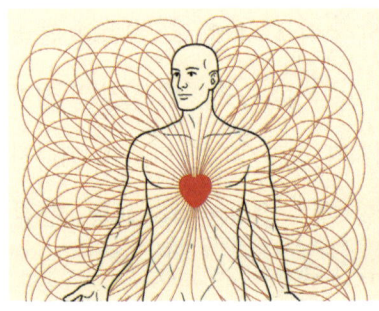 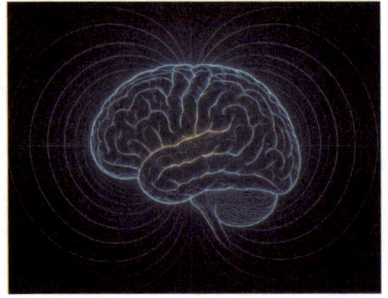

또한 우리의 뇌 역시 정말 놀라운 능력을 가지고 있다. 우리가 생각하고, 느끼고, 행동할 때마다 뇌 속에서는 작은 길들이 만들어진다. 이 길들을 '신경 네트워크'라고 부른다.

우리가 어떤 생각을 자주 하면 할수록(반복적인 사고 패턴) 그 생각에 해당하는 길은 점점 더 넓어지고 깊어진다. 마치 자주 다니는 길이 넓어지는 것처럼 말이다. 하지만 때로는 이 길들이 우리에게 도움이 되지 않을 수도 있다. 예를 들어, 우리가 자주 두려워하거나 의심하면 그런 생각을 하는 길이 커지게 된다.

그런데 우리 뇌에는 정말 멋진 능력이 있다. 우리의 뇌는 안전을 유지하고 현상을 유지하도록 프로그래밍 되어있다. 이것이 바로 '신경가소성(nouroplasticity)'인데, 뇌가 스스로 변할 수 있는 능력을 말한다(학습된 패턴이자 신경학적 습관). 우리가 새로운 것을 배우거나 다른 방식으로 생각하려고 노력하면, 뇌는 새로운 길을 만들 수 있다. 이 능력 덕분에 우리는 평생 계속 배우고 변할 수 있는 것이다. 우리가 현재 집중하고 긍정적으로 생각하려고 노력하면, 뇌는 '생존' 모드에서 '창조' 모드로 바뀐다. 이때 우리 뇌에서는 정말 신기한 일이 일어난다. 뇌파가 혼란스러운 베타 상태에서 조화로운 알파 상태로 변화하는 것이다. 스트레스 호르몬인 코르티솔은 줄어들고 도파민, 세로토닌, 옥시토닌 호르몬이 증가하여 긍정적 마음가짐과 더 깊은 연결을 가능하게 한다. 뇌파가 바뀌고, 좋은 기분을 만드는 호르몬들이 많아져서이다.

이때 우리 몸도 이런 변화에 조화롭게 반응한다. 스트레스가 줄어들고, 더 건강해지는 것이다.

그러니까 긍정적으로 생각하고 현재에 집중하려고 노력하면, 뇌와 몸이 더 행복하고 건강해질 수 있다. 이런 노력을 계속하면 우리는 점점 더 좋은 방향으로 변할 수 있다!

요약하면, 인체의 심장과 뇌는 전자기파와 상호작용할 수 있는 능력이 있다는 것이다. 심장의 경우, 약 10pT(피코테슬라) 정도의 자기장을 발생시킨다. 이는 지구 자기장의 약 100만분의 1 정도의 크기로, 미약하지만 측정이 가능한 수준이다. 뇌는 약 100fT(펨토테슬라)

내외의 자기장을 발생하는데, 이는 지구 자기장의 약 10억분의 1 정도로 더욱 미약하지만, 특수한 장비를 통해 측정할 수 있다.

이러한 생체자기 신호는 비접촉 방식으로 측정할 수 있어 인체에 무해하며, 왜곡되지 않은 정확한 신호를 얻을 수 있다는 장점이 있다. 이러한 연구 결과들은 인체, 특히 심장과 뇌가 전자기파와 상호작용할 수 있음을 보여준다. 이를 통해 생리적 반응이나 기분 변화 등이 일어날 수 있다는 가능성을 뒷받침한다.

이런 결과에서 보듯 자연계의 자기장 변화가 인간의 생리적 반응에 영향을 줄 수 있으며, 일부 연구들은 자기장이 인체의 신경계와 상호작용하여 기분이나 감정 신체적 반응에도 영향을 줄 수 있음을 보여준다.

이런 사실에 비추어 우리 신체의 대표기관인 심장과 뇌에 대하여 전자기파에 대한 변환 가능성은 충분히 인정된다고 하겠다.

그래서 우주 에너지를 잘 활용하면 신체의 파동을 긍정으로 변환함으로써 인체를 활력으로 달라지게 할 수 있다는 것에 대한 이론이 성립된다. 우주에서 태동한 자기장을 신체에 접목한다면 말이다.

좋은 자기장 에너지를 잡아 에너지가 빈약한 사람에게 그 에너지 자기장을 착상시킨다는 것인데, 신체가 진동(전기 자기장)에 의해 달라질 것이고, 정신도 이에 따라 변화할 것이며, 그에 따라 행동도 달라지는 건 당연한 결과가 된다. 필자의 핵심 비법 '우회전 에너지를 잡아라! 롸잇 에너지'는 여기에서부터 출발한다.

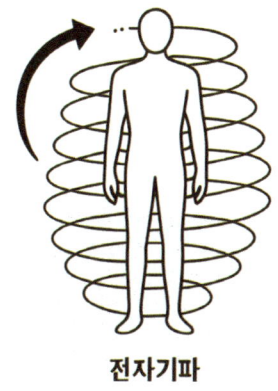
전자기파
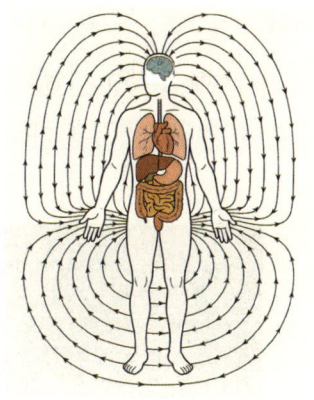

요약하면, 우주는 온통 자기장으로 둘러싸여 있고 신체 또한 이 자기장의 영향을 받는다. 심장을 예로 들었을 때 누군가를 보고 싶을 때 설레며, 긴장하면 좁아든다. 이것은 미리 전자기 파동이 신체에 부딪고 반응하는 것이다. 눈에 보이지 않는 자기장이 신체에 부딪고 반응한다는 사실이 증명되었으니, 이 우주의 자기장을 조절할 수만 있다면 심장과 뇌 또는 다른 여러 장기, 곧 콩팥, 폐, 간, 췌장, 대장 등에 긍정의 우회전 에너지를 착상시켜 치유와 힐링을 도모할 수 있다는 이론이다.

그러니까 인간은 우주의 일부로 누구나 태어나면서 가지고 있는 각자 자분의 에너지가 있는데 이것을 우주 에너지라고 한다. 그 감도(%)를 측정하여 에너지가 약한 사람은 에너지를 당겨 확장해 주면 되는 것이다. 이것을 에너지 '우주 백신'이라고 하며, 우주에서 파생된 자기장을 잡아당겨서 고정하는 것이다. 그 대상은 우회전 에너지로 양(陽), 활성화 또는 생명력을 상징한다. 이 에너지는 긍정적인 변화와 활력을 증가시킨다.

병원을 포기한 사람들, 하는 일마다 안 풀려 좌절하는 사람들, 괴로움에 처해 있거나 지금보다 좀 더 나은 꿈과 희망을 꾸는 사람들에게 이 에너지 백신은 가장 훌륭한 구원자가 된다.

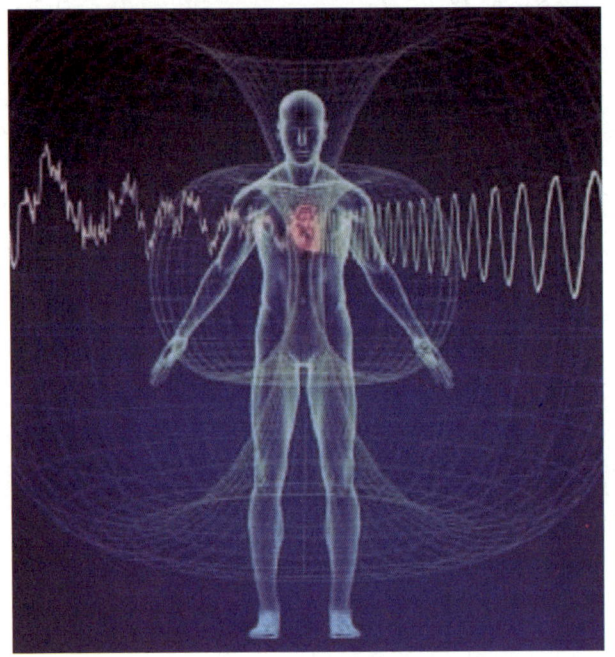

● ● ●
우주는 무한한 가능성의 바다다!

"당신이 지금 한 행동, 그거 아무렇게나 이루어진 것이 아니다. 거기에는 다 우주의 뜻이 있다." 정말 그럴까? 우리 가정법으로 한 직장인의 하루를 쫓아가면서 우주의 뜻을 생각해 보자!

김 씨는 알람 소리를 듣지 못하고 늦잠을 자고 말았다. 부랴부랴 옷을 갈아입고 집을 나섰지만, 시간은 그를 기다려주지 않았다.

버스 정류장에 도착한 그는 막 출발하려는 버스를 향해 달렸다. 허겁지겁 버스에 올라타는 순간, 옆 승객과 세게 부딪혔다.

"젊은 사람이 조심 좀 하지 않고?"

승객의 날카로운 목소리와 함께 따가운 시선이 김 씨를 향했다. 김 씨는 고개를 숙이며 자리로 향했지만, 마음 한구석이 불편했다. '그렇게까지 쏘아붙일 필요가 있었나….'

회사에 도착하자마자 부장의 목소리가 들려왔다. "김 대리, 어제 지시한 통계자료 어디 있나?"

김 씨는 깜짝 놀라 부장실로 달려갔다. 부장은 자료를 받아 들고는 한숨을 쉬었다. "나도 사장님께 보고드려야 하는데… 이러다 늦겠군."

퇴근 후, 김 씨는 친구와 술집에 앉아있었다.

"야, 너 기억나? 그 민수 말이야. 요즘 사업해서 돈 좀 벌었대."

김 씨는 쓴웃음을 지었다. '그 자식이 뭘 안다고….' 질투 섞인 생각이 들자 술맛이 씁쓸해졌다.

집에 돌아온 김 씨는 현관에 어지럽게 놓인 신발들을 보고 한숨을 내쉬었다. "영희야! 이리 좀 와 봐." 화난 목소리였다.

"네, 아빠?"

"학교 갔다 왔으면 신발 좀 가지런히 벗어놓지!"

영희는 울먹이며 방으로 달려갔다. 문이 쾅 하고 닫히는 소리에 김 씨는 고개를 저었다.

김 씨는 침대에 누워 천장을 바라보며 깊은 생각에 잠겼다. 오늘 하루 있었던 일들이 마치 영화의 한 장면처럼 머릿속을 스쳐 지나갔다.

그는 중얼거렸다. "정말 이 모든 게 우연일까? 아니면 내 선택이 만들어 낸 결과일까? 만약 오늘 아침에 일찍 일어났더라면…, 버스에서 그 사람과 부딪히지 않았더라면…, 친구와 술을 마시지 않았더라면…, 딸에게 화내지 않았더라면…."

그의 가정법은 끝없이 이어졌다. 하지만 그는 알지 못했다. 그의 작은 행동 하나하나가 다른 이들의 하루에 어떤 영향을 미쳤는지를…. 버스에서 부딪힌 사람은 그날 하루 내내 기분이 좋지 않았을 것이고, 부장은 스트레스로 점심을 제대로 먹지 못했을 것이다. 영희는 아빠의 꾸중 때문에 친구와 다투었을지도 모른다. 그는 천천히 일어나 창가로 걸어갔다. 밤하늘에 반짝이는 별들을 바라보며 생각을 이어갔다.

'우리는 매일, 매 순간 선택을 하며 살아가지. 아침에 일어나는 것부터 잠들기 전 마지막 순간까지…. 그 모든 선택이 우리의 삶을

만들어 가는 것이다.'

김 씨는 깊은 한숨을 내쉬었다. '그리고 그 선택들은… 마치 나비의 날갯짓처럼 예상치 못한 곳에 영향을 미치는 거야. 오늘 아침의 늦잠, 버스에서의 충돌, 그 사람의 눈빛…, 모든 게 연결되어 있었던 거야.'

김 씨는 창문을 열고 차가운 밤공기를 들이마셨다. '만약 내가 달리 대처했다면…, 긍정적으로 받아들였다면… 어쩌면 오늘 하루가 완전히 달라졌을지도 몰라.'

우리의 선택, 행동, 생각…, 모든 게 어떤 에너지와 상호작용하고 있는 듯했다.

김 씨는 다시 침대로 돌아와 누웠다. '내일은… 내일은 다르게 해 볼 거야. 모든 선택에 의미를 두고, 긍정적으로 받아들이겠어. 그리고 그 선택들이 어떤 파동을 만들어 낼지 지켜볼 거야.'

김 씨는 눈을 감았다. 내일이 오면, 그는 새로운 선택들로 가득 찬 하루를 맞이할 것이다. 그리고 그 선택들이 만들어 낼 파동은, 어쩌면 그의 인생을, 아니 어쩌면 세상을 조금씩 변화시켜 나갈지도 모른다.

김 씨의 하루는 끝났지만, 그가 만들어 낸 파동은 여전히 세상에서 퍼져 나가고 있었다. 그리고 내일, 또 다른 하루가 시작될 것이다.

이것은 일상에서 볼 수 있는 평범하고 단순한 어느 직장인 가장의 이야기다. 여기서 만약이라는 가정법을 다시 한번 강조하기 위해 또 써보자. 만약 늦잠 자지 않고 일찍 일어났다면, 버스를 타면서 옆 승객과 부딪히지 않았다면, 밀쳤다고 하지만 기분 나쁜 표정으로 쏘아보지 않았다면, 아니 그 사람보다 몇 초 일찍 가서 먼저 탔더라면, 직장 상사에게 한 소리 듣지 않았다면, 저녁에 친구와 술을 마시지 않았다면, 또 그 잘나간다는 친구 얘기를 듣지 않았다면, 딸이 신발을 가지런하게 놓았다면. 가정법이지만 진행한 행동들은 또 다른 축으로 연결되어 여러 대상과 형태로 전달된다.

파동은 한 치 건너, 또 두 치 건너 그 이상 영향을 주고받는다.

이 모든 일이 단순한 우연일까? 아니면 나의 선택이 만들어 낸 결과일까? 인간은 매사를 선택하며 살아가는 존재이다. 우리의 일상은 이런 작은 선택들로 가득 찬다. 그리고 그 선택들은 마치 자갈밭의 럭비공처럼 예상치 못한 곳에 영향을 미친다. 순간의 선택과 그런 선택에 의해 인생이 결정된다. 인간은 매사 수많은 선택의 기로에 서있으며, 선택을 위해 살아가는 동물이라고도 한다. 선택은 우주 전체로 파동이 퍼지는 에너지에 속하는 것이다.

만약 늦잠을 잤다고 하더라도, 출근길에 부딪혔다고 하더라도, 눈을 쏘아보았다고 해도 그저 인정하고 '그럴 수도 있지.' 하고 긍정했다면 그 파동은 저녁까지 이어지지 않았을 수도 있다. 어떻게 대처했느냐에 따라 파장은 달라진다.

그래서 당신이 지금 한 행동, 그것은 아무렇게나 이루어진 것이 아니라고 서두에 쓴 것이다. 거기에는 다 퍼즐 조각처럼 제각각 흩어지고 맞춰지는 길이 있다는 뜻이다.

물론 사람의 성격이나 처한 상황 등에 따라 천양지차가 되겠지만 이 같은 양상은 양자장이라는 에너지에서 파악해 볼 수 있다.

우리 인간은 무의식적으로 양자장과 상호작용하며 살아간다. 양자물리학의 관점에서 볼 때, 우리의 몸과 마음도 이 특별한 에너지와 연결되어 있다. 우리가 생각하고 느끼는 것들은 이 에너지와 서로 영향을 주고받는다. 예를 들어, 뇌의 작용에 양자효과가 관여할 수 있다는 이론이 제시되고 있다. 이러한 관점에서 보면, 우리의 생각과 감정도 양자장과 상호작용한다.

일부 연구자들은 이러한 양자적 상호작용이 건강과 질병에도 영향을 미칠 수 있다고 주장한다. 양자의학이라는 새로운 분야에서는 인체를 몸, 양자 파동장, 마음의 삼중 구조로 보고, 이들의 상호작용이 건강에 중요한 역할을 한다고 한다.

병원에서 포기한 환자들, 암 등 불치병에 시달리거나 잠 못 이루거나 심한 직장 일로 고민하거나 리더가 되려고 노력하는 임원 또는 정치가들, 그들의 모든 의지에 양자장이 흐른다. 아니 그들은 양자장의 영향 아래 있다. 그들은 우주의 한 부분으로서 우주 에너지에 속하기 때문이다.

그렇다면 양자장이란 무엇인가? 양자장이라는 존재부터 살펴보자. 그러면 현재 처한 우리의 처지를 수용하고 돌파할 수 있는 가능성의 장에 접근할 수 있기 때문이다.

우리가 사는 우주 공간은 비어 있는 듯 보이지만 비어있는 게 아니라 양자장(Quantum Field)이라는 특별한 것으로 가득 차있다. 이 양자장은 마치 보이지 않는 담요처럼 우주를 덮고 있다. 즉 우주 전체는 보이지 않는 양자장 천국이다.

우리가 보낸 감정 에너지는 양자장에 영향을 주고, 그 영향이 다시 우리 세상에 나타난다. 하지만 이건 마법처럼 바로 일어나지는 않고 시간이 걸린다. 감정은 정말 중요하다. 우리의 감정이 우리가 하는 행동을 만들고, 그 행동이 우리 삶의 결과를 만들어 내기 때문이다. 마치 자동차의 엔진처럼 감정은 우리 삶을 움직이는 힘이다.

그래서 우리는 좋은 감정을 많이 가지려고 노력해야 한다. 행복하고 긍정적인 감정을 가지면, 우리 주변의 세상도 점점 더 좋아질 수 있다. 감정은 정말 특별하고 강력하다. 좋은 감정을 가지면, 우리의 삶과 세상을 더 아름답게 만들 수 있다. 더불어 사는 현대의 삶에서는 더욱 그렇다.

더불어 양자 에너지는 파동의 형태로 존재한다는 양자물리학의 개념들은 우리가 사는 우주에 대해 놀라운 사실을 알려준다.

우리가 사는 우주는 무한한 가능성으로 가득 차있다는 것을 말이다. 그래서 '우주는 무한한 가능성의 바다!'라고 한다. 현실은 고정된 것이 아니라 계속해서 변화하는 가능성의 장이다. 마치 춤을 추는 것처럼 끊임없이 움직이고 있다.

이 가능성의 장에서 중요한 역할을 하는 것이 바로 '노력'이다. 우리는 우주, 자연, 그리고 주변의 모든 것과 계속해서 상호작용하며 살아가고 있다. 이런 상호작용은 우리가 어떤 현실을 경험할지 결정하는 데 큰 영향을 미친다. 양자론은 결국 이런 상호작용의 방식에 대한 이론이다. 우리는 관찰자로서 이 가능성의 장과 계속 상호작용하면서, 어떤 현실을 만들어 낼지 결정할 수 있다. 즉, 우리가 현실을 창조하는 주인공이 되는 것이다.

이런 개념은 우리에게 큰 책임감을 준다. 우리의 관찰과 생각, 그리고 행동이 우리가 경험하는 현실을 만들어 내는 데 중요한 역할을 한다는 걸 알려준다. "방금 당신이 한 그 행동은 아무렇게나 일어난 게 아니다. 알고 보면 인류의 삶 전체와 연결되어 있다." 우리가 무언가를 할 때, 그건 그냥 우연히 일어나는 게 아니라는 뜻이다. 그러니까 우리의 모든 행동은 세상의 모든 사람과 연결되어 있다는 것이다.

예를 들어, 우리가 친구에게 친절하게 대하면 어떻게 될까? 그 친구는 기분이 좋아져서 다른 사람에게도 친절하게 대할 것이다. 이렇게 누군가의 작은 친절이 점점 퍼져 나가 많은 사람에게 영향을 줄 수 있다.

또 우리가 환경을 생각해서 쓰레기를 줍는다면 어떨까? 그 작은 행동이 우리 동네를 깨끗하게 만들고, 나아가 지구를 지키는 데 도움이 될 것이다. 이처럼 우리가 하는 모는 일은 다른 사람들과 연결되어 있다. 우리의 행동이 세상을 조금씩 변화시킬 수 있다. 당신이 지금 한 행동, 그거 아무렇게나 이루어진 것이 아니다. 거기에는 다 우주의 뜻이 있다.

● ● ●
우리 주변의 모든 것은 에너지로 가득 차있다

기초적인 질문이지만 에너지란 무엇인가? 에너지가 힘(力)이라는 건 누구나 알고 있을 것이다. 에너지는 단순히 물리학적 개념을 넘어, 생명의 근원이자 모든 움직임의 원천이라는 것은 말해도 입만 아프다. 에너지는 우리가 숨 쉬고, 걷고, 생각하는 모든 순간에 작용하는 힘의 총체이기 때문이다. 하지만 명료하게 개념을 정리하기는 어렵다.

생명체의 에너지 순환을 살펴보면, 그 시작은 태양이다. 식물은 광합성을 통해 태양 에너지를 화학 에너지로 변환하고, 이 에너지는 먹이사슬을 통해 동물과 인간에게 전달된다.

우리가 매일 하는 식사는 사실 이러한 에너지를 우리 몸에 공급하는 과정이다. 모든 동물이 움직일 수 있는 힘은 음식을 섭취함으로써 생성된다. 결국 타 생명체(식물, 동물)에 담긴 '화학적 에너지'로부터 발생한다는 뜻이다.

식물이 햇빛 에너지로부터 에너지 대사 과정을 거쳐 만들어 낸 영양소가 동물이나 인간을 통해 흡수되니 말이다. 그러니까 식사는 동식물의 조직 속에 담긴 영양소를 인체 내로 해체, 분리, 수거하는 과정이다.

식사를 함으로써 음식으로부터 영양소를 분리해 내고, 여기서 만들어진 글루코스는 심혈관계를 통해 세포 내 미토콘드리아로 공급되고 산소를 만나 생체 에너지인 ATP(아데노신 3인산)를 만들어 낸다. 다시 말하면 인체는 동식물에 담긴 영양소(단백질, 탄수화물, 지방)의 공유 결합을 해체하여 ATP에 담아내고, 생체 활동은 이 ATP의 공유 결합이 깨지면서 발생하는 힘을 에너지로 사용하는 것이다. 이 과정은 마치 정교한 화학 공장과도 같다. 우리 몸은 음식에 담긴 영양소의 화학적 결합을 해체하고, 이를 ATP라는 새로운 형태의 에너지로 재구성하기 때문이다.

우리의 모든 생체 활동은 이 ATP의 결합이 깨지면서 발생하는 에너지를 사용하는 것이다. 그러나 에너지의 영향력은 단순히 물리적인 차원에만 머무르지 않는다.

우리의 정신 활동 역시 이 에너지, 즉 기력(力)과 밀접하게 연관되어 있다. 에너지가 부족하면 육체적으로 쇠약해지고 질병에 취약해지는데, 이는 단순히 신체적인 문제에 그치지 않고 정신 건강에도 큰 영향을 미친다. 뇌의 활성도가 떨어지고, 이는 곧 정신적 활력의 저하로 이어진다.

식사가 부실하거나 식음을 전폐할 경우 피로 영양분이 공급되지 않으므로 뇌의 활성이 둔하게 되고 정신도 퇴색한다. 우울증이 찾아오고 의욕이 떨어지며, 결국 우리가 하고자 하는 일들도 뜻대로 되지 않는 악순환에 빠지게 된다. 긍정적인 마인드와 열정만으로는 충분하지 않다. 에너지가 충분하여 발기한다면 모든 육체적 기운도 팔팔할 것이고, 인체의 행함도 자연히 좋아진다는 뜻이다.

그러므로 에너지원은 물리적인 것뿐 아니라 형이상학적인 정신에 그 근원도 제공한다는 사실이다. 우리 몸과 마음의 건강은 서로 연결되어 있다. 따라서 에너지는 우리의 육체적 건강뿐만 아니라 정신적 웰빙에도 직접적인 영향을 미치는데, 충만한 에너지는 신체의 활력을 높이고, 이는 자연스럽게 우리의 행동과 태도에도 긍정적인 변화를 가져온다.

여기서 에너지는 형이하학적(현실적, 물질적)인 물리적 힘을 말하는 것이지만, 이 물리학적인 영향은 형이상학적인(이상적, 정신적) 개념, 즉 정신과도 통함을 의미한다. 가령 육체의 모든 것은 정신에 근원을 공급하기 때문이다.

에너지에 대한 이해는 단순히 과학적 지식의 영역을 넘어, 우리 삶의 질을 향상하는 데 중요하다. 우리가 먹고, 자고, 활동하는 모든 순간이 에너지의 흐름과 연결되어 있음을 인식할 때, 우리는 더욱 조화롭고 활기찬 삶을 영위할 수 있을 것이다.

에너지가 부족한 상태에서는 아무리 노력해도 원하는 결과를 얻기 어렵다. 불안과 부정적인 생각들이 우리를 짓누르면 당연히 될 일도 잘되지 않는 것처럼 말이다. 에너지는 단순한 힘이 아닌, 우리의 행동과 사고방식, 그리고 정보를 처리하는 능력과도 직결되어 있다.

많은 사람이 자신의 상황에 대해 의문을 품는다. '왜 나는 항상 병약한 걸까?', '왜 나는 하는 일마다 잘 안 되는 걸까?' 이런 생각들은 점차 체념과 좌절로 이어지고, 때로는 부모님을 원망하거나 불운을 탓하게 된다. 하지만 이 모든 것이 결국 에너지와 연관되어 있다는 점을 인식하는 것이 중요하다.

봄(David Bohm, 1917~1992. 20세기의 가장 중요한 이론물리학자 중 한 사람이며, 양자 이론, 신경심리학 및 심리철학에 비정통파 아이디어에 공헌한 미국-브라질-영국 과학자)의 이론에 의하면 우리 몸과 마음은 마치 보이지 않는 실로 연결되어 있다. 이 실은 우리가 볼 수 없지만 '양자 파동(우주를 창조하는 가장 핵심적인 원리, 원자와 같은 양자가 파동 에너지의 상태로 우주 공간에 존재하다가 관찰자에 의해서 관측되는 순간에 입자의 존재로 현실 세계에 드러난다.)'이라는 것이다. 봄은 우리 몸과 마음 모두가 이런 파동으로 이루어져 있다고 생각했다. 마치 바다의 파도처럼 우리 몸과 마음에도 파동이 있다.

이 파동들은 서로 어울려 춤을 춘다. 몸의 파동과 마음의 파동이 잘 어울리면 우리는 건강하고 행복해진다. 하지만 파동들이 서로 엉키거나 잘 맞지 않으면 우리 몸이 아프거나 마음이 불편해질 수 있다. 과학자들은 이런 파동을 이용해서 우리 몸의 상태를 알아볼 수 있다. 마치 의사 선생님이 청진기로 심장 소리를 듣는 것처럼, 몸의 파동을 살펴보면 건강한지 아닌지 알 수 있다.

이 원리로 양자장 파동은 자연치유력을 향상시켜 인체의 균형을 맞추어 건강을 유지한다. 그런데 양자장에 불균형이 생기면 막힌 부위의 혈액 순환이 원활하지 않고, 혈액 순환이 원활하지 못하면 백혈구와 항체가 부족해지고 면역력이 감소하여 세균이 침입한다.

양자장에 교란이 생기면 항상성에 이상이 생겨 질병이 발생할 수 있다. 양자 파동장은 인체의 생명 에너지장이 우리 몸의 치유와 자연치유력 사이를 조절하고 통제하는 힘으로 양자장의 균형이 깨지는 것을 질병의 원인으로 본다.

이렇게 봄의 생각은 우리 몸과 마음이 서로 깊이 연결되어 있고, 건강하려면 이 둘의 파동이 잘 어울려야 한다고 말해 주고 있다. 우리가 행복한 생각을 하고, 건강한 음식을 먹고, 운동을 하면 이 파동들이 더 잘 어울릴 수 있다. 그러니까 우리 몸의 파동이 잘 어울리면, 몸은 스스로 병을 고치는 힘이 생긴다.

하지만 파동이 서로 엉키거나 막히면, 몸의 여러 부분에 문제가 생길 수 있다. 파동이 엉키면 피가 잘 돌지 않고, 나쁜 균들과 싸우는 우리 몸의 작은 영웅들(백혈구와 항체)이 제 역할을 못 한다. 그러면 우리 몸은 쉽게 아플 수 있다. 우리 몸의 파동을 건강하게 유지하는 것이 중요하다.

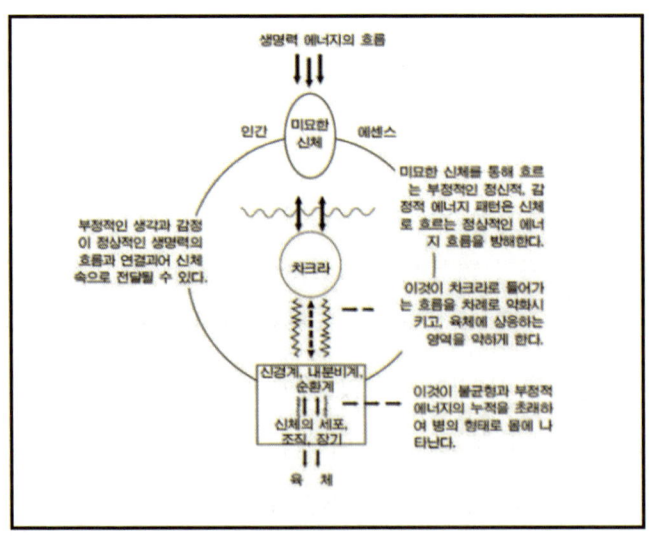

생명력 에너지 흐름도(김태분 선문대학교 통합의학 대학원 자연치유전공 석사학위 논문)

그런데 중요한 것은 부정적인 생각과 감정은 정상적인 생명력의 흐름, 연결과 신체로 전달될 수 있다. 생명력 에너지의 흐름이 필요한(인도 철학과 종교에서 유래된 개념으로, 산스크리트어로 '바퀴'를 의미한다. 이 차크라는 우리 몸의 에너지 중심으로 감정, 생각, 신체적 건강과 밀접한 관계가 있다.) 순환계의 부정적인 정신적·감정적 에너지 패턴은 신체로 흐르는 정상적인 에너지 흐름을 방해한다.

우리 몸에는 보이지 않는 특별한 에너지가 흐르고 있다. 이 에너지를 '생명력'이라고 한다. 우리가 건강하고 행복해지려면 이 에너지가 잘 흘러야 한다. 하지만 우리가 나쁜 생각을 하거나 슬프고 화난 감정을 계속 가지고 있으면 어떻게 될까? 이런 부정적인 생각과 감정은 우리 몸의 에너지 흐름을 방해할 수 있다.

다시 말하면 우리 몸에는 '차크라'라는 특별한 에너지 중심이 있다. 이 차크라를 통해 에너지가 우리 몸 전체로 퍼져 나간다. 그런데 나쁜 생각과 감정이 차크라로 들어가면 에너지가 잘 흐르지 못한다. 우리 몸은 아주 작은 세포들의 집합이다. 이 세포 하나하나가 건강해야 우리도 건강하다. 하지만 나쁜 에너지가 쌓이면 세포들도 아프게 될 수 있다. 그러면 우리 몸에 여러 가지 병이 생긴다. 에너지가 잘 흐르지 못하면 우리 몸의 여러 부분이 약해질 수 있다. 마치 물이 잘 흐르지 않는 강처럼, 우리 몸도 건강하지 못하게 될 수 있다.

그래서 항상 좋은 생각을 하고 행복한 감정을 가지려고 노력해야 한다. 긍정적인 생각과 생활 패턴이 중요하다. 그러면 몸의 에너지가 잘 흐르고, 우리는 더 건강하고 행복해질 수 있다.

우리 몸의 에너지가 회복되면 우선 머리가 맑아진다. 마치 구름 낀 하늘이 맑아지는 것처럼, 생각도 더 밝고 깨끗해진다. 몸도 아프던 부분이 상쾌해지고 가벼워진다. 전에는 아프거나 피곤했던 몸이 날아갈 것처럼 가벼워지고 상쾌해진다. 갑자기 하고 싶은 일이 생기고, 삶의 목적이 생긴다. '아, 이걸 해보고 싶다! 저걸 해보고 싶다.'라는 생각이 든다. 새로운 꿈이나 목표가 생기는 것이다. 의욕이 생긴다. 일하는 것도 더 재미있어진다. 학교 숙제나 집안일도 더 이상 지루하지 않고 재미있게 느껴진다. 건강도 개선되고, 감기도 덜 걸리고, 몸이 전체적으로 더 튼튼해지는 걸 느낄 수 있다. 하는 일마다 잘되는 것 같고, 운이 좋아진 것처럼 느껴진다. 에너지가 가득하면 우리 삶이 더 즐겁고 행복해진다. 이것이 바로 에너지를 통한 치유의 힘(力)이다. 이렇듯 우주 에너지를 올바르게 활용하면 지속적으로 긍정 에너지로 활기를 유지할 수 있다. 이는 단순히 일시적인 해결책이 아닌, 우리 삶의 근본적인 변화를 가져올 수 있는 열쇠이다. 우리가 모두 이러한 에너지의 힘을 인식하고 활용할 수 있다면, 에너지의 불균형에서 에너지 균형을 찾음으로써, 우리는 더 건강하고 평안한 삶을 살아갈 수 있다. 개인의 삶뿐만 아니라 사회 전체가 더욱 긍정적인 방향으로 나아갈 수 있는 것이다. 이것이 바로 현대인들이 추구해야 할 진정한 웰빙의 시작점이다.

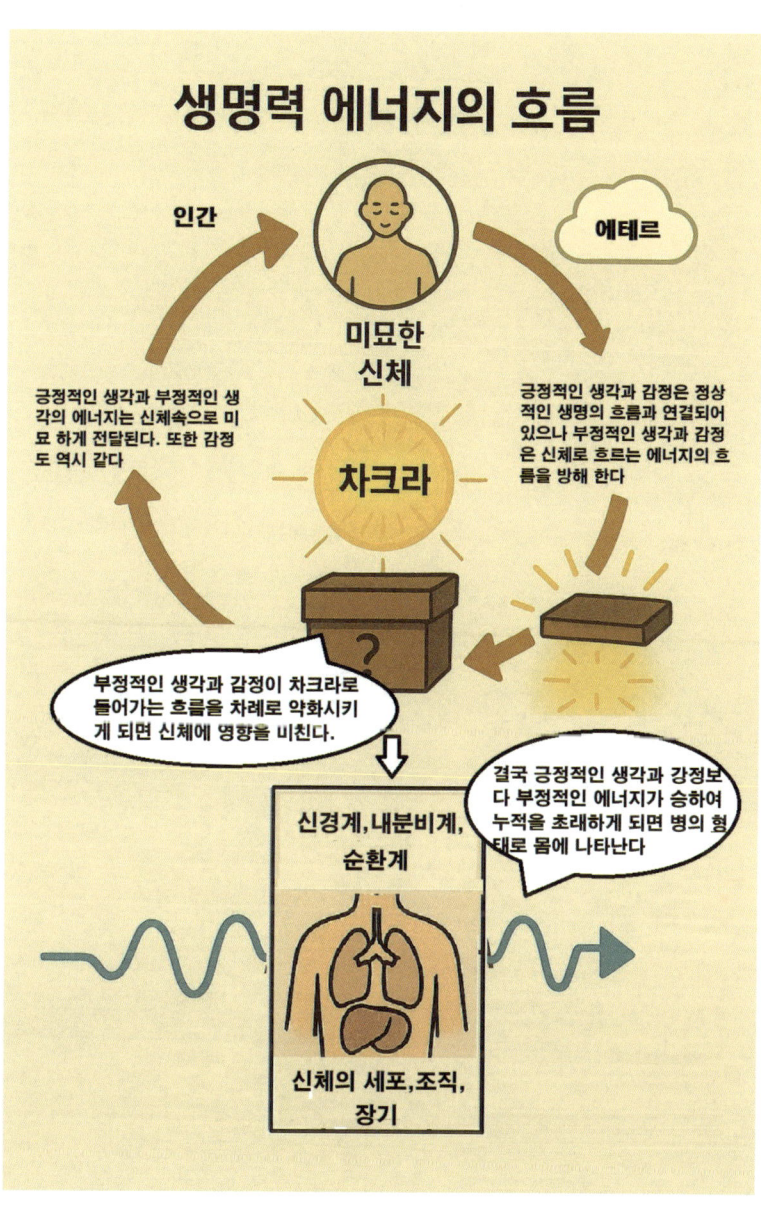

인간은 우주 에너지의 수신자이자 발신자다. 우리의 일상 속 모든 순간이 우주와의 끊임없는 대화라고 생각하면, 평범한 일상도 특별해진다.

제2장

신의 오른손이 내 어깨에 와 닿는 것이 느껴져

신의 오른손이 내 어깨에 와 닿는 것이 느껴져

우리 삶에는 때때로 예기치 못한 만남이 찾아온다. 그리고 그 만남은 우리의 인생을 완전히 바꿔놓기도 한다. 필자에게 그런 운명적인 만남은 86세의 설송 선생님과의 만남이었다. 설송 선생이라 불리는 이 노인의 눈빛은 깊고 신비로웠다.

"내 나이도 여든여섯일세. 이 나이에 욕심은 없네. 그동안 비법을 감추고 왔었는데 이제 누군가에게 물려줄 사람이 있었으면 했었네…." 선생님의 이 말씀은 필자에게 인생의 전환점이 되었다. 우주 에너지를 실측하고, 확대하고, 고정하는 비법. 이 신비로운 지식은 필자에게 새로운 세계를 열어주었다. 우주 에너지에 대한 탐구는 필자에게 삶의 중심이 되어버렸다.

인터넷을 서핑하고, 자연치유 전문가들을 만나고, 양자역학과 풍수지리, 기 명상을 탐색하며, 수맥 탐사하는 사람들을 찾아다녔다. 이 과정에서 깨달은 것은 우리 주변에 에너지에 관심 있는 이들이 생각보다 많다는 사실이었다. 아니 에너지를 받는 데 호감을 가진 사람들이 많았다. 혹자는 우주 에너지의 존재를 의심하는 이들도 있겠지만, 필자는 그 효용성에 깊은 호기심과 확신을 갖게 되었다.

어느 날 밤, 컴퓨터 앞에 앉아있던 필자의 머릿속에 두 단어가 번쩍 떠올랐다. 에너지 '우주 백신'. 그 순간 그것이 사명으로 다가

왔다. "그래, 이거야! 에너지 백신!" 필자는 흥분해서 소리쳤다. 목표는 분명해졌다. 에너지가 약한 사람들에게 우주 에너지 백신을 제공한다. 이 세상 모든 사람에게 에너지 백신을 제공하겠다는 원대한 목표가 생긴 것이다.

필자에게 사명이 마치 유레카(아르키메데스의 일화를 보면 왕이 왕관을 새로 만들어 이것이 진짜 순금인지를 알아 오라고 했다. 고민하던 아르키메데스는 목욕탕에서 넘치는 물을 보고는 "유레카!"라고 외쳤다. 그 후로 사람들은 무언가를 깨달았을 때 "유레카!"라고 외친다.)처럼 왔다. 우주 에너지를 확대하고 고정해, 더 많은 이에게 그 혜택을 전하는 것. 이것이 설송 선생님의 지혜를 계승하는 길이었다.

처음 설송 선생님을 만났을 때, 필자는 솔직히 거부감을 느꼈다. 비과학적이고 미신 같아 보이는 그의 말에 회의적이었지만, 시간이 지나면서 필자의 생각은 완전히 바뀌었다. 우주 에너지가 절대적인 힘의 원천이라는 신념을 가지게 되었다.

그러나 단순히 에너지의 존재를 인식하는 것만으로는 부족했다. 우주 에너지의 실체를 알고 설파하는 분들이 많았지만, 그것을 확장하고 고정하는 일은 할 줄 아는 사람이 없었다. 그것은 감히 엄두도 낼 수 없는 아주 특별한 일이었다. 불모지요, 처녀지였다. 천기를 잡아낸다는 사실은 의식하기도, 또는 의식해도 이해가 안 되는 일이었기 때문이다. 그러나 필자는 그것을 해낼 자신이 있었다. 그것이 스승님으로부터 비법을 수차례에 걸쳐 전수했고 검증했기 때문이다.

세상에는 요가나 명상, 기 치유 등 많은 치유법이 있다. 이것들은 보편적이지만 대개 이것을 받은 후 느끼는 명쾌함은 시간이 지나면 사라진다. 마치 잠시 눌렸다 펴진 장판지와 같다. 그러니까 영원히 지속되지 않는다는 데 아쉬움이 있다. 하지만 필자가 다루는 에너지는 다르다. 이 에너지는 영원한 계속성이 있다.

이 놀라운 비술은 양자장과 토션필드[우주에 존재하는 모든 에너지는 좌·우로 회전하면서 토션필드(토션장)를 형성한다는 이론으로 동양의 기(氣)와도 일맥상통한다.] 극성 에너지를 준용한다. 양자장 에너지에서 보면 우리가 생각하고 느끼는 것들도 이 신비한 에너지의 일부이다. 마치 TV 채널이나 라디오 주파수처럼, 우리의 생각도 우주에 퍼져 나갈 수 있다. 자연에서 모든 것은 계속해서 반복되고 있다. 마치 복사기로 계속 복사하는 것처럼, 우주의 모든 것이 비슷한 패턴으로 반복된다. 또한 토션필드 에너지의 특징은 그 에너지가 빛보다 빠르며, 거리에 상관없고 콘크리트나 어떤 장벽도 장애가 되지 않고 통과한다.

이들 에너지가 증명했듯이 필자는 어떤 사람의 우주 에너지를 바로 눈앞에서 또는 먼 거리에서 에너지를 측정할 수 있다. 또한 그 에너지를 잡아놓을 경우 처방하면 확장되는 모습도 직접 보여줄 수 있다. 이것은 세상 그 누구도 알지 못했고, 할 수 없었던 아주 특별한 비법이다. 물리학의 법칙에 따르면 에너지는 시간이 지나면 소멸한다. 하지만 필자는 감히 이 법칙을 깨뜨렸다. 잡은 에너지가 소멸하지 않는 것이다.

이것이야말로 진정한 미스터리이지만 혁명적인 발견이기도 하다. 필자는 이 비법을 세계 인류와 공유하고, 이 에너지에 대한 이해를 더욱 증폭시켜 나가고자 한다. 누구나 더욱 밝고 건강한 인생을 살 수 있게 하고 싶다. 필자가 꿈꾸는 에너지 '우주 백신'의 미래이다.

지금 병증으로 고통받는 사람들에게, 더 좋은 힐링을 꿈꾸는 사람들에게, 힘이 필요한 사람들에게 에너지를 주자는 의도이다. 우리는 지금 새로운 시대의 문턱에 서있다. 과학이 날로 발전하고 첨단과 신비가 만나는 지점, 그곳에서 필자는 인류의 진화를 위한 열쇠를 발견했다. 우주 에너지의 무한한 가능성을 탐구하고, 우주 에너지의 힘을 알고 이해하며 활용한다면, 분명 더 나은 세상이 만들어질 것이 틀림없다.

우리는 우주 에너지가 무한한 가능성을 지니고 있다는 것을 알기에 이 에너지를 활용함으로써, 각자의 삶에서 직면하는 여러 도전을 극복하고 승리할 수 있다. 필자는 이러한 우주 에너지의 힘을 모든 이에게 전달하는 크리에이티브가 되고자 한다. 앞으로의 목표는 진정한 의미의 웰빙을 추구하는 것이다. 그것은 육체적 건강뿐만 아니라 정 신적, 영적 건강까지 아우르는 총체적인 웰빙이다.

'그린 재킷'이라는 상호도 이런 목표에서 탄생했다. 골프 세계에서 '그린 재킷'은 최고의 영예를 상징한다. 미국 프로 골프 PGA 4대 메이저 대회 중 하나인 마스터스의 우승자만이 입을 수 있는 이 녹색 재킷은 전 세계 프로골퍼들의 꿈이자 골프 마니아들의 동경의 대상이다.

 하지만 필자는 이 그린 재킷의 의미를 골프 세계를 넘어 모든 이의 삶에 적용하고자 했다. 우리가 '그린 재킷'이라는 상호를 선택한 이유는 단순히 골프 우승자만을 위한 것이 아니다.

 필자는 '그린 재킷'이 단순한 옷이 아니라 아름다운 인생에서 승리와 성공의 상징이 되기를 염원한다. 마치 마스터스 우승자가 그린 재킷을 입음으로써 최고의 영예를 얻듯이, 우리의 '그린 재킷'은 모든 이에게 삶의 승리를 선사하는 상징이 될 것이다.

 '그린 재킷'을 입는다는 것은 곧 자기 삶에서 최고의 상태를 추구하고 성취한다는 의미이다. 필자에게 '그린 재킷'은 더 이상 골프 코스에만 국한되지 않는다. 그것은 일상의 승리, 삶의 정상을 상징하고, 필자는 이를 통해 모든 이에게 승리의 기회와 성공의 에너지를 전하고 자 한다. 특히 병마에 시달리는 이들, 하는 일마다 안 풀리는 허약한 사람들, 그리고 보다 나은 삶을 꿈꾸는 이들에게 우주 에너지를 전하고 승리의 기운을 입히는 것이다.

그린 재킷, 이것은 결국 '이 땅에 사는 모든 사람의 인생에 승리를 입히자!'라는 필자의 의지를 강하게 담고 있다.

세상은 모두 선(Line)으로 연결되어 있다

어느 날, 필자는 놀라운 전화를 받았다. 작은형수님의 목소리였다. "삼촌! 글쎄 소진이가 돌아왔어. 미친 병이 나은 것 같아. 좀 더 두고 봐야 하겠지만, 삼촌이 다녀간 후로 나도 맘이 편해졌고, 딸도 증상이 바뀌었어. 고마워."

필자는 안도의 한숨을 내쉬며 대답했다. "그래요? 다행이네요. 제가 좋아진다고 했잖아요." 형수님은 흥분한 듯 계속 말을 이어갔다. "그러게. 나는 돈이 얼마 들어도 좋아. 사실 그간 돈도 많이 버렸지. 이젠 살 것 같아. 날마다 그 애 때문에 불안해서 늘 노심초사였어. 일도 손에 안 잡히고…."

필자는 조심스럽게 물었다. "좀 더 두고 보세요. 그런데 지금 증상이 어떤가요?"

형수님은 소진이의 변화를 상세히 설명해 주었다. 예전에는 중얼거리고 성질을 부리던 아이가 이제는 운동화를 사 달라고 하고, 도서관에 공부하러 다녔다. 그 모습을 보는 형수님의 기쁨이 전해져 왔다.

"축하드려요." 필자는 진심으로 말했다. 형수님은 계속해서 감사의 말을 전했다. "암튼 일단 내가 맘이 편해서 좋아." 필자는 희망적인 말을 덧붙였다. "더 지켜보세요. 점점 더 좋아질 겁니다. 시집도 보내셔야지요?"

"암, 삼촌 덕을 보았어. 처음엔 나도 믿지 않았는데 암튼 고마워, 정말 고마워!"

이 이야기의 주인공인 소진이는 필자의 5촌 조카다. 형수님은 사촌 형님의 부인이시다. 대개 가족 중 조현병 환자가 있으면 쉬쉬하고 감추는 터에, 이제껏 그렇게 가까운 형의 가족 일을 몰랐다.

형은 최근에 큰사촌 형님으로부터 필자가 에너지 다스리는 일을 한다는 걸 알고는 유심히 지켜보시더니, 작은동생의 딸이 조현병이라며 치유를 권유한 것이다. 조현병은 쉬쉬하고 숨기는 경우가 있어, 이런 상황이 발생할 수 있다.

이 경험을 통해 필자는 가족의 지지와 적절한 관리가 조현병 환자가 회복하는 데 얼마나 중요한지 다시 한번 깨달았다. 소진이의 상태가 호전되어 가는 모습을 보며, 조현병 환자와 그 가족들에게 희망의 메시지를 전하고 싶다.

우리가 사는 이 세상은 참으로 신비롭고 설명하기 어려운 일들로 가득 차있다. 과학이 발달하고 지식이 쌓여가는 지금도, 여전히 우리 주변에는 이해하기 힘든 현상들이 존재한다. 피라미드를 연구하던 과학자들의 갑작스러운 죽음이나, 히말라야에서 발견된 세상에서 가장 오래된 '윗치(Özi, 1991년 알프스에서 발견된 5,300년 전 신석기 시대의 미라. 윗치 연구에 참여했던 여러 사람이 사망하면서 '저주받은 미라'

라는 별명을 얻었다.)'라는 미라를 둘러싼 미스터리는 우리의 상상력을 자극한다. 이런 사건들은 마치 고대의 저주나 미지의 힘이 작용하는 것처럼 보이기도 한다.

하지만 이런 일이 꼭 멀리 있는 이야기만은 아니다. 우리 주변에서도 이해하기 힘든 일들이 일어나곤 한다. TV 프로그램 '미스터리 M'에서 소개한 사례들을 보면, 일상에서도 미스터리한 현상들이 존재함을 알 수 있다. 파주의 한 절에서는 소원을 빌면 돌이 들리고, 소원을 빌지 않으면 돌이 들리지 않는다는 믿기지 않는 현상이 방송되었다. 반대로 경북의 어느 절에서는 소원을 빌면 돌이 안 들리고, 빌지 않으면 들리는 방송도 보았다. 이런 현상들은 과학적으로 설명하기 어려운, 그야말로 방송 제목처럼 '미스터리'라고 할 수 있다.

이러한 미스터리에 대한 우리의 관심은 다양한 형태로 나타난다. 예를 들어, 친구와 카페에서 이야기를 나누듯 출연자들이 각종 음모론, 미스터리 등을 들려주는 스토리텔링 예능이 인기 포맷으로 자리 잡고 있다. SBS의 『꼬리에 꼬리를 무는 그날 이야기』, KBS 『셀럽병사의 비밀』 등이 대표적인 예이다. 이러한 프로그램들은 시청자들의 호기심을 자극하며, 미스터리한 사건들을 재조명하고 있다.

일본에서도 '믿을 수 없는 이야기(アンビリバボー)'라는 프로그램을 통해 상식을 벗어난 충격적인 사건과 이야기를 다루고 있다. 이 프로그램은 심령 현상, 역사적 비극, 오컬트(숨겨진, 신비로운 또는 초자연적인 현상을 연구하거나 믿는 것을 의미하는 용어)적 요소를 다루며, 미스터리와 공포의 세계로 시청자를 초대한다. 특히 도플갱어 [Doppelgänger, 독일어에서 유래한 단어로, '자신과 똑같이 생긴 또 다른 사람'을 의미한다. 이 단어는 'doppel(이중의, 두 배의)'과 'gänger(걷는 사람)'의 합성어로, '이중으로 존재하는 사람' 또는 '이중으로 걷는 사람'을 뜻한다.] 현상이나 에도 시대의 7명 승려의 비극 등은 역사적 사건과 현대의 심령 문화가 결합해 만들어 낸 공포의 서사로, 시청자들에게 깊은 인상을 남기고 있다.

이처럼 미스터리한 현상들은 우리의 일상에서, 그리고 미디어를 통해 계속해서 우리의 관심 영역 안에 있다. 앞으로도 우리는 이런 미스터리들을 마주하며, 세상의 신비로움에 대해 끊임없이 질문하고 탐구해 나가야 할 것이다. 이러한 과정과 필자의 우주 에너지 백신을 통해 세상을 더 깊이 이해하고, 우리의 지식과 상상력 안에서 건강과 치유를 확장해 나갈 수 있을 것이다.

"오늘날 인류는 우주를 이루는 자원과 에너지의 4%만을 알 수 있고, 96%는 아직 모른다."

서강대 물리학과 이기진 교수가 『동아일보』 칼럼에서 이렇게 말했다.

"인류는 우주에 존재하는 자원과 에너지의 단 4%만을 이해하고 있으며, 나머지 96%는 여전히 모르는 미지의 영역이다. 노력하고 있는 이유이며, 암흑 물질과 암흑 에너지에 대한 연구는 우주학에서 가장 중요한 과제 중 하나로 자리 잡고 있다. 미지의 영역을 탐구하는 것은 우주의 기원과 진화, 그리고 우주의 궁극적인 운명에 대한 이해를 넓힐 수 있는 열쇠를 제공한다(2024.11 동아일보 보도)."

위 내용은 서강대의 이기진 교수의 동아일보에 실린 기고문이다. 우리는 과학을 통해 우주에 대해 많은 것을 알고 있다. 하지만 사실, 우리가 아는 건 우주의 아주 작은 부분, 4% 정도일 뿐이다. 그렇다면 나머지 96%는 뭘까? 과학자들은 그걸 '암흑 물질'과 '암흑 에너지'라고 부른다.

암흑 물질은 우주의 약 23%를 차지하고, 암흑 에너지는 약 73%

동아일보 신문 서강대의 이기진 교수

를 차지한다고 한다. 그런데 이것들은 우리 눈에 보이지 않는다. 그래서 과학자들은 아직 그것이 정확히 무엇인지 모르고 있다. 암흑 물질은 마치 보이지 않는 손처럼 우주를 붙잡아주는 역할을 한다.

암흑 에너지는 우주를 점점 더 빠르게 팽창시키는 힘을 가지고 있다. 결국, 우리가 알고 있는 우주는 겨우 4%밖에 안 된다. 나머지 96%는 아직 풀리지 않은 비밀이다. 그 이야기는 우리가 사는 세상이 얼마나 넓고 신비로운 곳인지 알려준다.

우주 에너지는 현대 물리학에서 아직 완전히 이해되지 않은 개념 중 하나로, 이 에너지는 영원한 우주적 생명의 불꽃으로 묘사되며, 그 자체로 경이로움, 경외심, 치유 및 기쁨을 만들어 내는 힘을 가지고 있다. 더불어 우주 에너지를 이용해 과거와 현재의 사건을 판단하고, 심지어 미래의 발전을 예측할 수 있다. 그것은 현대 과학의 범위를 넘어서는 놀라운 일이다.

필자가 이 책에서 주창하는 내용, 그러니까 롸잇 에너지(우회전 에너지) 또한 96%의 아직 밝혀지지 않은 에너지와 자원의 세계라는 것에서부터 출발한다. 이제껏 세상에 난부하는 호기심으로 가득 찬 미스터리한 일들은 현재 과학계에선 주류에 들지 못하고 있다. 비주류에 속하는 가설에 지나고 있다. 그러나 필자가 주창하는 내용을 실제 눈앞에서 보여준다면 비주류에 속하던 오류를 이제는 바로 잡을 수 있다고 생각된다.

1960년대에 힉스라는 물리학자가 우주에 있는 아주 중요한 입자를 발견했다. 그는 이 입자에 자신의 이름을 붙여 '힉스 입자'라고 불렀다. 하지만 그때는 아무도 이 발견을 믿지 않았다. 힉스 박사는 30년 동안이나 다른 과학자들에게 인정받지 못했다. 마치 학교에서 아무도 말을 믿어주지 않는 것처럼 느꼈을 것이다. 하지만 힉스 박사는 포기하지 않았다.

피터힉스교수, 힉스입자를 밝혀 2013년 노벨물리학상 수상

그러다가 1990년대가 되어서야 다른 과학자들이 힉스 입자를 찾는 실험을 시작했다. 그리고 마침내 2012년에 힉스 입자를 정말로 발견했다고 발표했다. 힉스 박사의 오랜 기다림이 끝났다. 그의 발견이 맞았다는 게 증명된 것이다. 이 큰 업적으로 힉스 박사는 노벨상도 받았다. 힉스 입자의 발견은 우리가 우주를 이해하는 데 정말 큰 도움을 주었다. 이제 우리는 우주가 어떻게 만들어졌는지, 왜 물건들이 무게를 가지는지 더 잘 알게 되었다.

이 이야기는 우리에게 중요한 교훈을 준다. 때로는 다른 사람들이 우리의 생각을 믿어주지 않더라도, 우리가 옳다고 믿는 것을 포기하지 말아야 한다는 것이다.

또한 아인슈타인은 1921년 '광전효과'를 발견했는데 광전효과 이론은 1905년에 발표되었지만, 실제 광전효과를 이용한 태양전지는 1954년 미국의 벨 연구소에 의해 발명됐다. 그 후 태양전지는 4년 후 뱅가드 우주선에 사용됐다. 이론이 실제 응용된 것은 50년이 지난 후다. 물리학의 새로운 이론은 서서히 진화해 우리의 생활로 침투해 들어온다. 새로운 이론은 세대를 넘어 인류의 발전에 서서히 녹아든다.

최근에는 과학계에서는 이론적으로 존재할 수 없는 초고에너지가 발견되어 화제가 되고 있다. 2021년 5월, 미국 유타주 사막에서 포착된 '아마테라스 입자'는 현대 물리학 이론으로는 설명할 수 없는 엄청난 에너지를 지니고 있었다. 이는 우리가 우주에 대해 아직 모르는 것이 얼마나 많은지를 보여주는 단적인 예라고 할 수 있을 것이다.

우주 에너지는 단순한 물리적 현상을 넘어, 영원한 우주적 생명의 불꽃으로 묘사되기도 한다. 이 에너지는 경이로움, 경외심, 치유, 그리고 기쁨을 만들어 내는 힘을 가지고 있다. 만약 이 에너지를 이용해 과거와 현재의 일들을 판단하고, 심지어 미래에 노래될 일들을 예측할 수 있다면, 그것은 현대 과학의 범주를 훨씬 넘어서는 놀라운 일이 될 것이다.

세상에는 여전히 많은 미스터리한 현상들이 존재함을 자주 접하곤 하지만, 그 실험의 난해성을 해결하지 못하고 있다. 현재의 과학적 패러다임으로는 설명하기 어렵기 때문이다. 그렇지만 과학의 역사를 돌아보면, 한때 미신 또는 초현실적인 현상이라 여겨졌던 일들이 나중에 과학적으로 설명되는 경우를 종종 볼 수 있다.

필자가 주장하는 내용들 그러니까 에너지의 이동 현상을 실제로 눈앞에서 보여준다면, 그것은 단순한 가설을 넘어 하나의 현상으로 받아들여질 수 있을 것이다. 이 에너지는 양자장에서 구별해 볼 수도 있다. 양자장 에너지에서 우리가 보는 모든 것은 두 가지 모습을 가지고 있다. 하나는 우리가 만질 수 있는 '물건'처럼 생각할 수 있고, 다른 하나는 보이지 않는 '파도'처럼 생각할 수 있다는 것이다. 과학자들은 이걸 '입자'와 '파동'이라고 부른다.

우주의 모든 것이 입자(질량)이며 동시에 파동(에너지)으로 존재하고 있는데 더 신기한 건, 이 두 가지 모습이 서로 '얽혀'있다는 것이다. 이들의 얽힘은 시공을 초월하면서 동일한 결속의 힘으로 기적을 이룬다. 마치 친한 친구들이 손을 잡고 있는 것처럼. 이 얽힘은 정말 특별해서 시간과 공간을 넘어설 수 있다.

예를 들어, 옛날에 하나였던 것들은 지금 아주 멀리 떨어져 있어도 여전히 서로 연결되어 있다. 마치 쌍둥이가 서로 다른 나라에 살아도 동시에 같은 생각을 하는 것처럼 말이다. 한때 물리적으로 하나였던 것들은 아무리 멀리 떨어져 다른 은하계에 있더라도 서로 연결되어 동시에 움직인다.

이런 신기한 연결 덕분에 우주에서는 놀라운 일들이 일어난다. 아주 멀리 떨어진 것들도 마치 옆에 있는 것처럼 서로 영향을 줄 수 있다. 그러기에 인간은 자신의 무한한 의식(관심)의 힘으로 미래의 꿈을 현실의 사실로 만드는 창조자들이다. 내가 바라보고 느끼는 주관적 감정이 객관적 현실로 변화되기 때문이다. 우리의 의식과 마음이 우주에 가득한 에너지와 행동 방식을 결정한다. 눈에 보이지도 않는 사람의 마음과 느낌이 새로운 물질을 만들고 그 물질이 또한 세상을 바꾸어 가기 때문이다. 이것이 양자역학이 우리에게 주는 메시지가 아닌가 한다.

 필자는 항상 언제 어디서든 우주 에너지를 직접 측량해 주고, 새로운 가능성을 제시하고자 한다. 그 가능성의 기본은 '돠잇 에너지'이고, 이 에너지는 필자가 양자장과 토션필드 그리고 극성 에너지를 토대로 정립한 '휘선당착' 요법이다. 휘선당착 요법은 휘몰아치며 선을 따라 도는 에너지로, 당김과 착상을 뜻한다.

 이 에너지는 우주의 신비를 풀어나가는 열쇠이다. 이에 대한 탐구는 우리를 더 넓은 세계로 인도하고도 남는다. 이것은 단순히 물리적 현상을 넘어, 우리의 존재와 우주와의 관계에 대한 깊은 통찰을 제공할 수 있을 것이다. 에너지의 세계는 정말 넓고 신비롭다. 우리가 지금 알고 있는 것보다 훨씬 더 많은 놀라운 것들이 우리를 기다리고 있다. 마치 큰 보물 상자를 조금씩 열어보는 것과 같다.

 우리는 모두는 실처럼 연결되어 있다. 이건 마치 우리가 커다란 우주 가족의 일원인 것과 같다. 우리가 이 에너지를 이해하고 잘 사용하면, 우리 삶이 더 행복하고 풍요로워질 수 있다.

∙∙∙ 에너지로 가득 찬 생명 지도, 휘선당착 요법

휘선당착 요법에서 휘선의 휘(揮)는 회오리바람으로 휘몰아치는 모양과 힘을, 선(線)은 말 그대로 Line, 선을 의미한다. 회전하는 에너지 장과 플러스와 마이너스의 극성이 합쳐져 선, 즉 라인을 이룬다는 개념이다.

당김[當]은 당기거나 잡아챈다를 뜻한다. 우주 공간에 떠있는 에너지를 끌어당긴다는 의미이다. 그리고 여기에서 착(着)은 붙는다, 잡는다는 뜻이다.

휘몰아치는 에너지가 선을 타고 돌 때 그것을 당기고 잡아서 붙여놓는다. 그러니까 휘몰아치며 돌아가는 에너지를 당겨 본드처럼 착 붙들어 놓는다.

이 요법은 자연과 우주의 회전 원리를 응용한 것으로 세상 모든 것은 회전하는 라인으로 이루어져 있다는 것이고, 선은 생동하는 것으로 명사가 아닌 동사적 개념이다. 이러한 우주의 회전 원리를 인간의 치유와 웰빙에 적용함으로써, 자연의 리듬과 조화를 이루며 삶의 질에 목표를 두고 향상하는 데 있다.

즉 휘선당착(揮線當着) 요법은 인간의 생체 에너지와 자연 에너지가 조화롭게 흐를 수 있도록 도와주며, 이를 통해 신체적, 정신적, 감정적 건강을 증진시키는 것을 추구한다.

우리의 몸과 마음은 우주의 거대한 에너지 네트워크와 연결되어 있다. 휘선당착 요법을 정리하면 자연의 리듬과 조화를 인간의 생체 에너지에 투영하는 것, 그것이 바로 이 요법의 핵심이다.

태양이 은하 중심을 공전하고, 지구가 자전하듯, 우리 또한 끊임없이 회전하고 변화한다. 또 한 우주의 근원적이고 신비로운 에너지의 춤으로 끊임없이 바람처럼 회전하는 에너지장은 우리 존재의 가장 깊은 곳까지 스며든다. 이 요법의 핵심은 단순하면서도 심오한데, 모든 것이 휘몰아치듯 회전하는 우회전 에너지를 잡아서 불가역적인 힘을 지닌다. 휘선당착 요법 에너지 최대 핵심은 '우회전 에너지를 잡는다.'이다. 우회전으로 회전하는 에너지를 잡아서 당겨 착상시키는 것이 목표이다.

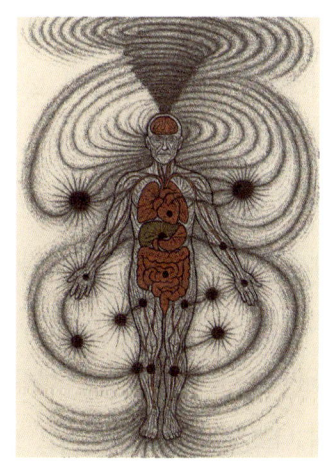

우회전 에너지에 대하여 알아보겠다. '롸잇 에너지(Right energy)'는 단순한 자기계발서를 넘어, 우주 에너지 복합적으로 작용하는 생명력 활성화 시스템이다. 이 에너지는 마치 우리 몸 인에 숨은 슈퍼 파워처럼 작동한다! 우주에서 날아오는 에너지, 아주 작은 먼지보다 더 작은 양자 세계의 에너지, 공간을 비틀 때 생기는 힘인 토션필드, 그리고 음과 양이 춤추는 극성 에너지까지 모두 하나로 모아서 우리를 건강하고 똑똑하게 만들어 준다.

블랙홀은 우주의 거대한 청소기처럼 에너지를 빨아들여서 질서 정연하게 배열한다. 마치 선생님이 교실에서 우리에게 줄을 서라고 할 때처럼 말이다! 양자 에너지는 공중에 떠다니는 보이지 않는 Wi-Fi 신호처럼 우리 몸 구석구석에 닿아, 핸드폰으로 친구랑 채팅하듯이, 우리 세포들이 이 에너지로 수다를 떨고 있는 것이라고 보면 된다.

공간을 비틀 때 생기는 토션 에너지는 젖은 걸레를 짜면 물방울이 뚝뚝 떨어지는 것과 비슷하다. 이 힘으로 우주 공간을 짜내면 에너지가 콸콸 쏟아져 나온다. 음양 에너지는 밤과 낮이 돌아가듯 서로 반대되는 극성 힘이 균형을 이루는 것이다. 마치 동생이 장난칠 때마다 엄마가 "그만해!" 하시면서 밸런스를 맞추는 것처럼. 이 모든 에너지가 모여서 하나의 동체를 이루는데 이것이 휘선당착 요법이다. 레고 블록처럼 딱 맞춰진다. 신발 밑창에 달린 작은 돌들이 우리가 걸을 때마다 빛을 만들듯, 서로 다른 에너지들이 손잡고 일을 하는 것이다.

암세포는 마치 몸속에 나타난 먹보 괴물처럼 당을 잔뜩 먹는다. 우회전 에너지는 이 괴물에게 당 대신 채소를 먹이듯 에너지 경로를 바꿔버린다. 창의성은 마음속에 핑크빛 풍선이 터지듯 퐁 하고 터져 나오는데, 뇌파를 타고 오는 에너지가 이 풍선들을 동시에 터트려서 아이디어 폭죽을 만든다. 상처 난 부위에는 에너지가 반창고처럼 달라붙어서 '얍! 빨리 낫기' 주문을 건다.

이 시스템은 마치 요정의 마법 번역기처럼 서로 다른 에너지 언어를 통역한다. 스마트워치가 걸음 수를 계산하고 심장박동을 재듯, 우리가 눈으로 보지 못하는 에너지들이 손잡고 일하는 숨은 세상이다. 우리가 매일 보는 하늘에 비행기가 지나가면 하얀 선이 생기듯, 이 에너지들도 보이지 않지만 분명히 우리 곁에서 춤추고 있다! 그렇다면 이 에너지 휘선당착 요법은 정말 놀랍고 놀라운 것이 아닐 수 없다. 우회전 에너지의 범접할 수 없는 독특하고 마법적인 현상을 모태로 삼고 에너지들끼리 밸런스를 맞추며 조화를 통한 힘을 승화시킨다는 뜻이니까 말이다.

휘몰아쳐 돌고 연결하여, 우주에 흐르는 좌회전 에너지를 제어하고 양(陽)의 에너지인 우회전 에너지를 고정해 놓는다는 휘선당착 요법, 이 에너지는 어떤 비법이 있을까? 여기에는 비범한 다양한 도구, 기술 및 영감을 주는 문헌의 독특한 조합이 포함되어 있다.

사실 이들 조화된 에너지들은 오랫동안 물리학계에서 다양한 학술 논문과 강연으로 제시 연구되고 설파되어 오던 존재들이다. 이제는 과학계에서도 이 멋진 에너지를 그저 실험의 난해성만을 들어 비주류 또는 이단아로 묶어둘 수는 없는 시간이 왔다.

휘선당착 요법이 이들 에너지의 파동을 영구적으로 포착하는 데 성공하였기 때문이다. 정보를 유지하고 지속 가능성이 보장되면 성공이 아니겠는가? 이 에너지들의 범접할 수 없는 독특하고 마법적인 힘을 말이다.

다시 한번 휘선당착 요법에 대해 말하면 그 힘[力]은 실로 강력하다. 실제로 다양한 측면에 중요한 영향을 미칠 수 있는 이 에너지는 자연적인 영적 치유 능력을 향상하고, 삶의 신체적, 정서적, 영적, 심지어 재정적 측면의 균형을 촉진시킨다는 것을 누차 강조해도 부족할 정도다.

이것은 마치 살아있는 자석처럼 인체의 양극과 음극 사이를 흐르는 에너지인 전자기파의 균형을 맞추어주는 이론과 형식을 기반으로 하고 있다.

이러한 이해는 인간의 영적 신체적 에너지에 대한 개념과 우주에서의 현대 과학 연구를 혼합하고 이는 '위에서와 같이 아래에서도 그러하며, 내부에서도 그러하고 외부에서도 그러하다.'라는 원칙을 반영하여 영적 영역과 육체적 영역의 상호 연결성을 강조하고도 남는다. 신체 내부에 흐르는 전자기장 에너지의 균형을 잘 유지하는 것이 매우 중요한데, 이것은 지구의 자연 극과 마찬가지로 조화와 정렬을 촉진하고 있다. 실제로 안녕에 지대한 영향을 미칠 수 있는 강력함이다.

결론적으로 휘선당착 요법은, 주요 특징으로 생명 에너지장 조절 인체의 치유와 자연치유력 사이를 조절하는 힘을 다루는데, 에너지 균형, 즉 에너지 흐름의 막힘을 질병의 근원으로 보고, 우주 에너지장 파동 의학의 관점에서 우주 에너지장의 혼란을 질병의 시초로 보아 그 흐름을 원활하게 만들어 준다.

휘선당착 요법은 공기, 물, 불, 흙 등의 요소가 내부 에너지와 의식의 표현으로 건강에 영향을 미친다고 보지만, 데이비드 봄의 양자 이론을 바탕으로 몸과 마음 모두에서 질병의 원인을 찾고, 육체와 마음의 모든 차원에서 치유를 시도하며, 현대의학의 한계를 넘어서려고 한다. 더불어 우주 에너지의 강도를 파악하여 질병의 정도를 진단하고, 이를 바탕으로 치유를 시도하는 새로운 패러다임의 에너지 접근법의 태동이라 하겠다.

우주의 회전 원리는 여전히 미스터리다. 그러나 분명한 것은, 이 회전이 우리 모든 존재의 근원적인 에너지임을 깨닫는 순간, 우리는 더 깊은 치유와 조화를 경험할 수 있다. 우회전 에너지는 인간과 자연의 전체적인 루틴에 동참, 통합함으로써 자연적인 영적·육체적 치유 능력을 증진하고 균형을 권고한다. 휘선요법은 지금까지 우리가 알고 있던 에너지의 개념에 도전한다. 우리의 행동, 힘, 그리고 운명에 대한 새로운 시각을 제시한다. 개인의 에너지 상승을 주제로, 우주 에너지에 대한 깊은 고민을 담고 있다.

우주 에너지를 잡아당겨서 고정시켜 놓으면
병증도 흔쾌하게 새로운 파동으로 인해 좋아진다.
우주는 모두 지자기를 띠고 있고 인체 또한 자기를 띠고 있으니
파동을 긍정시키면 좋아진다는 것이나.

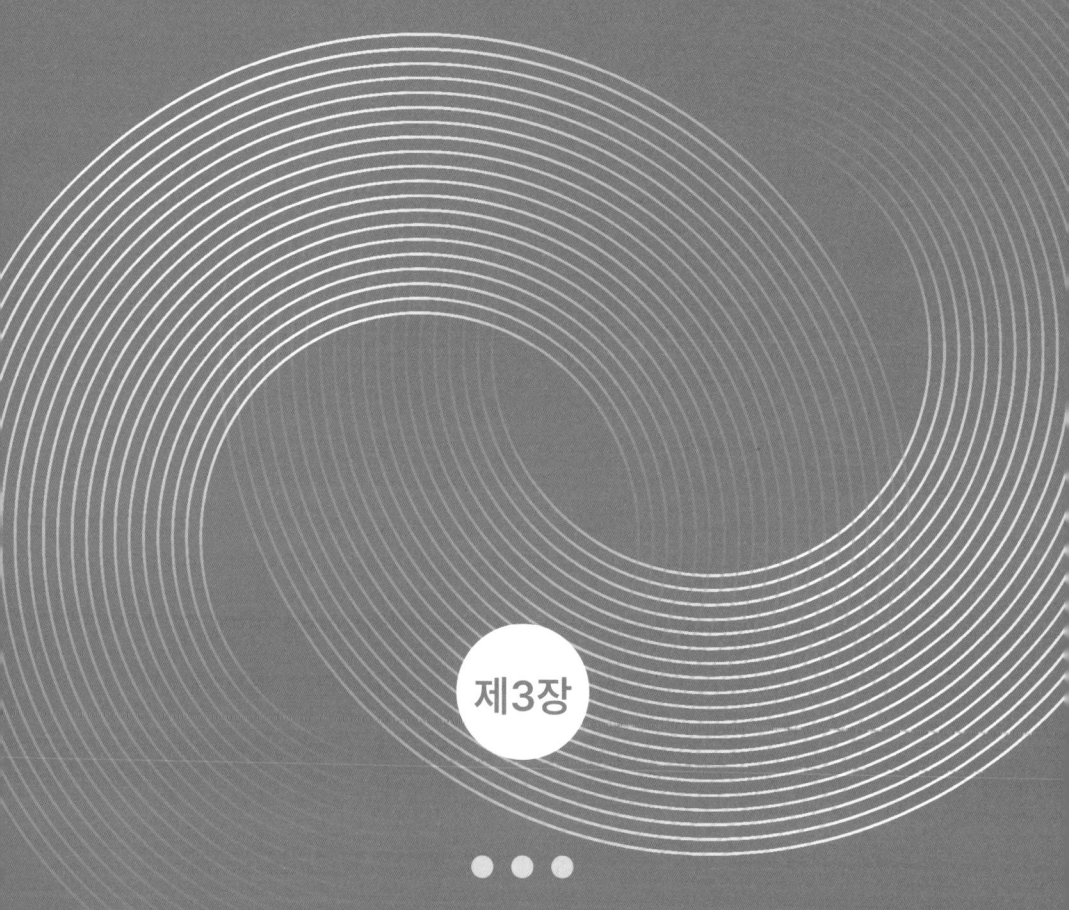

제3장

우주 에너지 신비를 당기다

우주 에너지 신비를 당기다

'우주 에너지 신비를 당기다', 이 제목은 L 로드를 사용한 에너지 측정 방법과 그 결과가 건강 및 성공과 연관되어 있다. 우회전 에너지와 좌회전 에너지의 개념, 그리고 이를 통한 건강 상태 및 삶의 질 평가 방법을 설명한다.

우리가 살아가는 이 우주는 여전히 많은 비밀을 간직하고 있다. 그중에서도 우주 에너지는 가장 흥미로운 영역 중 하나인데. 우주 에너지는 회전하는 에너지로 우(右)회전 에너지와 좌(左)회전 에너지로 분류되며 상호 조율한다. 우회전 에너지는 양(陽), 좌회전 에너지는 음(陰) 에너지로 구분하는데 양은 긍정을, 음은 부정을 나타낸다. 신체 또한 에너지가 회전하는데 우측으로 회전하는 에너지와 좌측으로 회전하는 에너지로 나뉜다. 우주나 신체나 회전하는 에너지를 기반으로 하고 있는 것이다. 이는 마치 잘 정돈된 음양의 조화처럼 이 두 에너지가 상호 작용하며 균형을 이룬다. 필자가 이 두 에너지를 측정하고 조절할 수 있다고 하면 많은 이들이 호기심이 일 것이다. 궁금증이 귀밑을 자극하고도 남을 것이다.

필자는 이 에너지를 측정하는데 L 로드를 사용한다. L 로드는 우리 몸과 우주 사이의 신비로운 연결을 보여주는 흥미로운 도구이다. 이는 동양 철학의 깊이를 느끼게 하는 동시에 고대의 지혜와 현대 기술이 만나는 교차점을 보여준다.

L 로드는 에너지를 감지하고 측정하는 데 아주 탁월한 효능이 있다. 다우징 기법에 사용하는 L 로드는 서양에서 물과 광물 석유를 찾았던 장비이다. 장비라고 까진 부르기는 너무 거창하겠지만 아주 가볍고 손아귀에 잡히는 두 개의 봉으로, 두 손에 쥐고 측정하면 여간 신통한 게 아니다. 요즘은 첨단 전자 디지털 시대로 전자식으로 나온 것도 있지만 이것은 두 손의 기감이 따라야 하므로 아날로그 방식을 주로 사용한다. 두 손으로 잡은 L 로드 두 끝이 벌어지고 오므라드는 아주 원시적인 단순한 형태로 측량을 한다. 측정이라고 쓰고 측량이라고도 어필함은 그 벌어지는 세기, 즉 농도 퍼센트에 따라 그 수치 분량이 나타나기 때문이다.

그러나 사용하는 사람, 즉 기감에 따라 많은 부분에서 틀리게 나타나기도 한다. L 로드는 수맥을 탐사하는 데 사용하는 측정기(도구)로 그 능률성은 오래전부터 인정되어 왔다. 이 L 로드를 수맥봉이라 보통 부르고 있는 이유이기도 하다. 현재도 지하수를 파거나 공사를 하는 사람들은 수맥을 잡는데 이 엘 로드를 하나쯤 가지고 다닌다.

그러나 대다수 사람들은 엘로드가 수맥만 잡는 줄 아는데 그렇지 않다. 수맥만 잡는 게 아니다. 천기, 즉 은하수로부터 오는 우주 에너지와 지기(地) 땅의 에너지, 신체 에너지, 영감 에너지까지 측정한다.

한 지리에서 잰다고 해도 수맥 에너지, 땅의 에너지, 신체 에너지, 영감 에너지가 다 틀리게 나타난다. 또한 안으로 오므라들거나 밖으로 벌어지는 폭은 다 틀리게 퍼센트로 농도를 세분할 수 있다.

또한 L 로드는 우리 몸과 우주 사이를 신비롭게 연결을 할 수도 있다. 이는 서양철학을 뛰어넘어 동양 철학의 깊이를 느끼게도 하지만 마치 고대의 지혜와 현대의 기술이 만나는 교차점 같기도 하다.

L 로드 측정기의 작동 원리는 매우 흥미롭다. 실제로 지하수를 파러 다니는 공사 업자들은 수맥봉으로 탐사하고 물을 솟구치게 해서 효과를 보고 있다. 경험이 많은 사람일수록 수맥을 찾는 확률이 높고 유능하다. 이 L 로드 측정기는 즉석에서 측정이 가능한 것이 장점인데, 그 처방 또한 즉석에서 가능하기에 무척 요긴하게 사용된다.

더불어 이 에너지 측정은 기감이 있는 전문가가 해야 더 용이하다. 초보자는 가능하지가 않다. 왜냐하면, 측정자는 관찰 대상에 영향을 미치는데 어떻게 관측하느냐에 따라서 존재 상태가 달라지기 때문이다. 자기공명은 L 로드 측정기에 그대로 투영되기 때문에 제어가 가능한 기감 있는 사람이 해야 정확하다.

그저 수맥 탐사용으로 사용했을 때는 그 처방이 지하수 지점을 살펴 뚫는 것이고, 물이 안 나오면 다른 곳으로 옮겨 또 파도 되지만, 사람의 기력과 기운을 측정한다는 것은 기감에 숙련된 사람만이 가능한 일일 수밖에 없다. 그리고 실측 후는 처방까지 이뤄져야 하는데 측정을 하는 사람들은 간혹 있을지 모르지만, 처방까지 온전히 진행할 수 있는 사람은 없다. 왜냐하면, 거기에는 특별한 비책이 들어가야 하기 때문이다.

즉석에서 측정하고 우주 기운을 받아 이 기운을 확장시키고 잡아서 고정시킨다는 것은 새로운 지식과 고난도의 우주철학이 필요하다. 필자는 이 시험을 감당할 수 있느냐고 물으면 "yes! 그렇다!"라고 자신 있게 말할 수 있다.

L 로드 측정기는 두 끝에 육각으로 만든 침이 두 손아귀에 안으로 오그라드는 것과 밖으로 벌어지는 것으로 분리된다.

이 처방이 이루어지면 측정기 엘로드 두 끝이 활짝 펼쳐진다. 방금 전까지 안으로 오그라들던 측정기가 밖으로 활짝 펼쳐진다. 우주 에너지를 당겨서 확대하고 고정시킨 것이다. 에너지 우주 백신이 착상되면 우주와 신체에 흐르는 자기장들이 서로 조화를 이루기 시작하기 때문이다. 이것은 놀라운 일이다. 즉석에서 실체를 눈으로 직접 목도할 수 있다. 모든 병치레와 안 풀리는 인생사는 우주 에너지가 막혔기 때문이다. 지자기의 흐름이 원활하지 않아서이다. 앞에서 심장에 대해 논거를 한 적이 있다.

우리가 감정을 느낄 때 심장은 전기와 자기 파동을 만든다. 심장의 에너지가 전자기파를 만들어 에너지 필드가 반응한다. 인간의 심장은 가장 강력한 전자기장 발전기다. '에너지 백신'은 우주에 퍼진 전자기장을 당겨 심장 등 신체에 착상시켜 활력의 엔진을 고정시켜 준다.

즉 우주에는 이불을 둘러쌓아 덮은 것처럼 자기장이 흐른다. 인체의 심장과 뇌 장기들에도 자기장이 흐른다. 누가 보고 싶으면 심장이 설레고, 무서운 사람을 만날 것을 예상하면 심장이 쫄린다. 이는 접촉하지 않았어도 파동에 의해 전달된다. 자기장 영향이다.

이 자기장을 잘 제어하고 고정시켜 우회전화 시키면 신체장기의 막힌 부분이 뚫린다. 다시 소통되면 소생한다.

병마와 암울한 기운으로부터 탈피할 수 있는 비법이 여기서 나온다. 이렇게 당겨 확대된 에너지를 늘 가지고 살게 되면 몹쓸 병마나 지나간 나쁜 일들은 상쇄되고, 앞으로 다가오는 일들은 긍정적으로 펼쳐진다. 우회전 에너지가 승하게 되니 만사형통하게 되는 것이다. 앞으로는 양의 기운을 가지고 살게 되니 무슨 일을 하든 그가 누구든 어디서든 잘 된다.

다시 한번 부언하면 우주는 온통 자기장으로 이뤄진 바다다. 그리고 인체 또한 자기장에 민감하다. 특히 심장과 뇌는 자기장에 엄청난 반응을 한다. 심장이 뛰고 뇌가 활성화되면 자연 모든 시냅스(뉴런이라는 신경세포의 부분 중 자극을 세포 밖으로 전도시키는 돌기인 축삭의 끝부분과 신경전달물질이 오가는 다음 뉴런 사이의 틈을 시냅스라고 한다)가 원활하게 돌아간다. 병증, 고민이 자기장의 파동으로부터 움직인다.

심장과 뇌에 대한 자기반응은 필자가 처방하는 에너지의 흐름에 대한 이해이다. 우주 에너지가 신체에 어떻게 도달하는지에 대한 증거이다. 이것은 이미 머리말 서두에 논거해 놓았으니 앞으로 돌아가 참고해 보았으면 한다.

더욱 흥미로운 점은 이 에너지 '우주 백신'은 시간과 공간을 초월한 안으로 오그라드는 에너지는 좌회전 에너지요, 끝이 밖으로 펼쳐지는 에너지가 우회전 에너지이다.

L 로드는 에너지의 상태, 즉 농도에 따라 각각 다르게 벌어지며,

정확히는 벌어지는 방향에 따라 폭으로 그 퍼센트(%)가 얼마인지까지 측정이 가능하다. 실제 측정을 해보면 조현병이나 암 환자 등 불치병을 가지고 있는 사람들은 두 끝이 안으로 오므라든다. 측정자의 명치 안쪽으로 파고든다. 이것은 좌회전 에너지이다.

그러나 건강하거나 무슨 일이든 잘되는 사람, 긍정적인 마인드를 가진 사람들은 L 로드 두 개의 끝이 양쪽 바깥 두 어깨쪽으로 펼쳐진다. 이때 측정 대상자의 에너지 상태에 따라 벌어지는 폭은 차이가 있다. 이 에너지는 밖으로 펼쳐지는 에너지로, 바로 우회전 에너지다.

이 측정치를 가지고 에너지가 안으로 오그라드는 좌회전 에너지 퍼센트(%)가 낮은 사람을 밖으로 펼쳐지게 해주어야 한다. 두 어깨쪽으로 펼쳐지게 말이다.

측정기가 가슴 안 쪽으로 오그라드는 사람은 좌회전을 에너지를 가지고 있으므로 이를 건강한 사람들이 밖으로 벌어지듯 우회전 에너지로 만들어 주어야 한다.

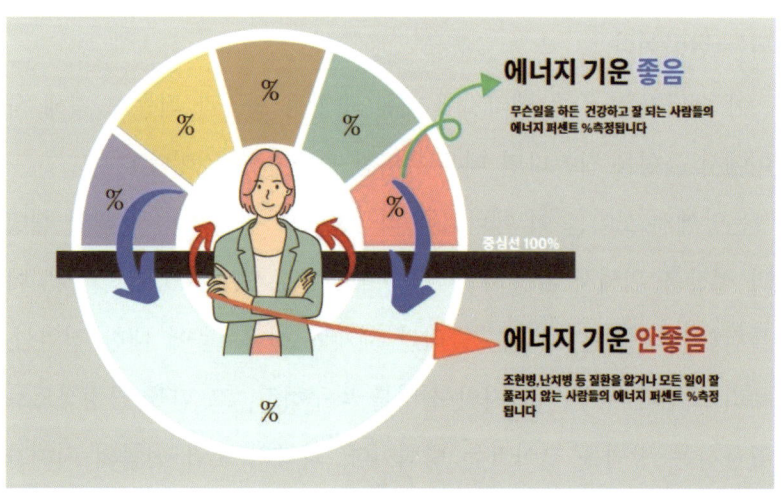

이것을 에너지 '우주 백신'이라고 한다 '휘선당착' 요법을 통해서 우주 백신을 접종하는 것인데, 이는 간단히 말해서 자분의 처진 음의 에너지를 양(陽)의 에너지로 벌리고 넓혀서 확장해 주는 방법이다. 그렇게 하면 놀라운 일이 벌어진다. 모든 에너지가 활력 에너지로 변환된다. 중요한 것은 이때 물리적인 어떤 매개가 첨부되어야 한다. 여기에는 우주의 정보가 내재되어 있는 것으로 필자만의 비법이 숨어있다.

정신적인 것과 물리적인 것, 즉 형이상학적 플러스 형이하학적의 결합이다. 방법은 은하계를 따라 천기를 살피고 물리적인 조치를 해주는 것이다.

이것은 토션필드(다음 페이지 설명에 나옴)에서 그 이론이 정립된다. 언제 어디서든 측정해도 같은 우회전의 농도로 에너지가 측량될 뿐더러 시간이 한참 지난 후라도 그 에너지는 항상 같다. 그러니까 측정한 퍼센트가 멀리 떨어진 곳에서 측정해도, 오랜 시간 세월이 흘러도 같은 결과가 나온다. 그것은 우리가 알고 있는 상식을 뛰어넘는 현상이다.

이 에너지는 우주 에너지에 대한 과학적 접근과 전통적 지혜 사이에서 균형을 잡는다면 매우 유익한 보탬이 될 것이다.

눈앞에서 보이는 이 에너지를 적극적으로 운위하고, 우리의 웰빙과 성장을 위해서 활용하는 것은 효과적일 새로운 장이 될 것임이 틀림없다. 이것은 우리를 둘러싼 세계의 신비로움에 대한 경외심, 우리 모두가 우주 에너지의 신비를 탐구하고, 그 힘을 긍정적으로 활용하는 방법을 찾아가는 방법이다. 과학의 빛과 전통의 지혜가 조화롭게 어우러질 수 있을 때 인류에게 빛이 되지 않을까?

어느 날, 미켈란젤로의 일화를 접했던 적이 있다. 누군가 미켈란젤로에게 돌을 깨는 이유를 묻자 "돌 속에 천사가 있어서."라고 답했다고 한다. 처음에는 그저 예술가의 과장된 표현이라 여겼다. 하지만 그 말의 의미를 곱씹을수록, 필자는 필자의 삶과 맞닿아 있음을 깨닫는다.

우리 모두는 미완의 대리석과 같다. 겉으로 보기엔 투박하고 모난 모습이지만, 그 안에 무한한 가능성이 숨어있다. 미켈란젤로가 대리석을 깎아 다비드상을 만들어 냈듯이, 우리도 자신을 다듬어 내면의 천사를 찾아내야 한다.

최근 필자는 이 생각이 더욱 굳어졌다. 우리 안에 잠재된 에너지를 측정하고 확대하는 과정이 바로 미켈란젤로가 말한 '천사를 찾는 과정'과 다르지 않다는 생각이다.

물론 누구나 천사를 찾는다는 것은 쉽지만은 않을 것이다. 때로는 고통스럽고, 좌절할 때도 있겠지만 그 과정을 견뎌내고 나면 우리는 진정한 자아를 만나게 될 것이다. 그것이 바로 우리 안의 '천사'가 아닐까?

언젠가 내 안의 천사와 마주하는 그날, 이 글을 읽는 독자는 미켈란젤로의 말을 진정으로 이해하게 될 것이라고 본다. 천사는 멀리 있지 않다. 바로 우리 안에 있다. 그 천사를 발견하고 키워나가는 것, 그것이 바로 우리 삶의 진정한 의미가 된다. 그동안 몰랐던 내 안의 우주 에너지를 체크하고 그것을 당겨 확대 고정시킨다면 그것은 바로 나 자신을 돕는 천사가 분명하다.

에너지 백신은 활력의 엔진을 고정한다

 백신이란 단어에 대해서는 누구나 알고 있을 것이다. 의학적인 용어로 '인위적으로 대응'한다. 즉 항체를 발생시켜 독성을 가진 병원체가 침입했을 때 세력을 약화 또는 제거시키는 대항력 있는 물질을 뜻한다.
 필자는 에너지에 백신이란 용어를 합성시켰는데 그렇다면 백신이란? 에너지가 약한 사람들에게 그 기운을 확장시키고 강력한 힘을 배가시켜 준다는 인위적인 조치이다.
 여기서 에너지 백신은 실제로 존재하는 의학적 백신이 아니다. 그러나 그 의미는 우리의 삶 속에서 매우 중요한 메시지를 담고 있다. 에너지 백신은 몸과 마음이 약하거나 기운이 부족한 사람들에게 새로운 활력을 불어넣어 주는 방법을 비유적으로 표현한 개념이다. 마치 병원체에 대항하기 위해 항체를 만들어 내는 백신처럼, 에너지 백신은 우리의 내면에 잠재된 힘을 일깨우고, 다시금 긍정적이고 강력한 삶의 에너지를 회복시키는 역할을 한다.
 우리는 살아가면서 종종 기운이 떨어지고, 삶의 활력이 사라지는 순간을 경험한다. 예를 들어, 오랜 시간 반복되는 일상 속에서 지루함과 무기력을 느낄 때가 있다. 아침에 눈을 뜨는 것조차 버겁고, 해야 할 일이 산더미처럼 쌓여있는데도 손이 움직이지 않을 때가 있다. 이런 순간에는 단순히 휴식을 취하거나 맛있는 음식을 먹는 것만으로는 해결되지 않는다. 우리에게 필요한 것은 더 근본적인 변화, 즉 내 면의 에너지를 다시 불러일으키는 것이다. 바로 이때 에너지 백신이라는 개념이 빛을 발한다.

우주 에너지는 단순히 물리적인 힘을 넘어 우리의 기분과 행동에 깊은 영향을 미친다. 때로는 우리를 신나게 하고 열정적으로 만들며, 때로는 슬프거나 지치게 하기도 한다. 재미있는 점은 사람마다 이 에너지를 받아들이는 방식과 양이 다르다는 것이다. 어떤 사람은 넘치는 에너지를 가지고 있어서 항상 밝고 건강하게 살아가는 반면, 어떤 사람은 에너지가 부족해 쉽게 지치고 힘들어한다. 우리는 모두 우주의 일부이며, 우주에서 태어난 원자들로 이루어진 존재다. 이 연결은 우리의 생명체 형성과 진화뿐 아니라 우리의 삶과 행동에도 깊은 영향을 미친다.

필자의 주변에도 이런 사례가 있다. 한 친구는 늘 밝고 긍정적인 태도로 주변 사람들에게 웃음을 선사한다. 그는 마치 태양처럼 자신만의 에너지를 발산하며 주변 사람들에게도 좋은 영향을 끼친다. 반면 또 다른 친구는 자주 피곤해하고 무기력해 보인다. 그는 "요즘 왜 이렇게 아무것도 하기 싫지?", "내 팔자가 그렇지 뭐!"라는 말을 입에 달고 산다. 스스로도 자신의 상태를 답답해한다. 이 두 친구의 차이는 단순히 체력이나 건강의 문제가 아니다. 그것은 그들이 받아들이고 활용하는 에너지의 차이에 있다.

에너지 백신은 바로 이런 사람들에게 필요하다. 그것은 단순히 외부에서 주입되는 물질이 아니라 우리 스스로가 만들어 내는 내면의 힘이다.

　예를 들어, 자연 속에서 시간을 보내며 신선한 공기를 마시고 아름다운 풍경을 감상할 때 우리는 새로운 활력을 얻는다. 또 다른 예로, 좋아하는 음악을 듣거나 춤을 추면서 몸을 움직일 때 우리는 기분이 좋아지고 에너지가 충전되는 것을 느낀다. 이는 마치 에너지 백신이 우리 몸과 마음에 작용하여 새로운 힘을 불어넣어 주는 것과 같다.

　에너지 백신은 우리의 내면에 잠재된 힘을 일깨워 더욱 긍정적이고 활기찬 삶으로 이끄는 데 도움을 주자고 태어났다. 마치 백신이 우리 몸에 항체를 만들어 질병에 대항하듯 우주 에너지를 당긴다.

　우주에는 특별한 힘이 있다. 이걸 때로는 '기 에너지'라고도 한다. 이 에너지는 우리 주변의 모든 것에 영향을 준다. 기 에너지는 우주 에너지의 일부인데, 우리 몸 안팎을 돌아다니며 우리를 건강하게 해준다.

　재미있는 건, 이 에너지들이 계속 빙글빙글 돌아간다는 것이다. 왼쪽으로도 돌고 오른쪽으로도 돌면서 서로 균형을 맞춘다. 이 균형이 우리 삶에 정말 중요하다. 만약 균형이 깨지면 우리 몸이 아프거나 마음이 불편해질 수 있다. 하지만 균형을 잘 맞추면 우리는 더 행복하고 건강하게 살 수 있다.

　그리고 정말 신기한 건, 우리 모두가 이 큰 우주의 작은 조각이면서도 동시에 우주 전체라는 것이다. 마치 퍼즐 조각 하나하나가 모여 큰 그림을 만드는 것처럼, 우리 모두가 모여 이 멋진 우주를 만들고 있다.

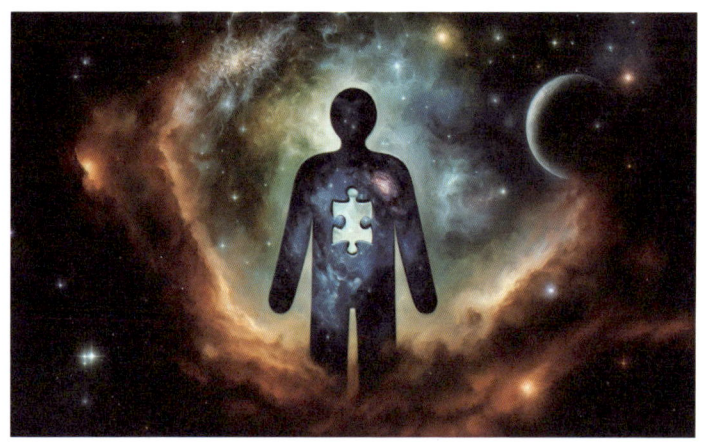

에너지 '우주 백신'은 마치 백신이 항체를 만들어 병원체에 대항하듯, 에너지 백신은 우주 에너지를 끌어당겨 우리의 삶을 더욱 풍요롭게 만든다. 이는 단순히 신체적인 활력만이 아니라 정신적인 안정과 긍정적인 사고를 포함한다. 우리는 종종 외부 환경이나 상황 탓으로 기운이 없다고 생각하지만, 사실 그 해결책은 우리 내면에 있다. 우리가 스스로를 믿고 내면의 잠재력을 깨운다면 어떤 어려움도 극복할 수 있다.

현대 사회는 스트레스와 피로가 만연한 시대다. 많은 사람이 과도한 업무와 복잡한 인간관계 속에서 지쳐가고 있다. 이런 상황에서 에너지 백신이라는 개념은 더욱 중요해진다. 우리는 내면의 힘을 일깨우고, 우주와 연결된 에너지를 통해 새로운 활력을 얻어야 한다. 이는 단순히 개인적인 행복뿐 아니라 더 나아가 사회적 활력을 증진시키는 데에도 기여할 것이다.

결국 에너지 백신은 우리 모두가 자신에게 선물할 수 있는 특별한 처방이다. 그것은 우리가 더 나은 자신으로 거듭나도록 돕는다. 삶에 지치고 무기력함을 느낄 때마다 우리는 이 개념을 떠올려야 한다. 그리고 자연 속에서, 음악 속에서, 혹은 명상과 같은 고요함 속에서 우리만의 에너지 백신을 찾아야 한다. 그렇게 할 때 우리는 다시금 활기를 되찾고, 더 밝고 긍정적인 삶을 살아갈 수 있을 것이다.

우리 몸 안에는 보이지 않는 길이 있다. 이 길을 따라 기 에너지가 돌아다니며, 우리 몸 구석구석에 좋은 힘을 전해준다. 이 길에는 특별한 점들이 있는데, 여기서 에너지가 균형을 맞추고 필요한 곳으로 간다.

우주 에너지와 기는 인간의 의식과 상호작용하여 물리적 세계에 영향을 미친다. 예를 들어, 양자 물리학의 일부 이론들은 인간의 의식이 우주 에너지에 영향을 미쳐 현실을 창조하거나 변화시킬 수 있다. 이는 우주 에너지가 단순히 물리적 힘이 아니라 정보와 의식까지 포함하는 포괄적 개념이라는 뜻이다.

이 에너지는 우리 몸과 마음을 건강하게 만들어 주는 아주 중요한 역할을 하는데 옛날부터 사람들은 이 에너지를 이용해서 몸과 마음을 치유하는 방법을 찾아왔다.

예를 들어, 인도에서는 우리 몸에 차크라라는 에너지 중심이 있다고 믿는다. 이 차크라가 우주 에너지를 받아들이고 우리 몸 곳곳에 나눠준다. 우리 몸 안에는 보이지 않는 길도 있다. 이 길을 따라 에너지가 흘러다니며 우리를 건강하게 만들어 준다. 만약 이 에너지가 잘 흐르지 못하면 우리 몸이 아프거나 마음이 불편해질 수 있다. 그래서 에너지는 우리가 행복하고 건강하게 살아가는 데 정말 중요하다. 그것은 에너지 '우주 백신'이다.

그린 재킷을 입혀 드리겠습니다

어느 날, 문득 이집트 여행을 떠나야겠다는 생각이 들었다. 오래 전부터 품어온 피라미드에 대한 호기심 때문이었을까? 무작정 비행기를 타고 이집트로 날아갔다.

카이로의 거리를 걸으며 멀리 보이는 거대한 피라미드의 실루엣을 바라보았을 때, 필자는 알 수 없는 설렘을 느꼈다. 귀국 후에도 피라미드의 신비는 필자를 놓아주지 않았다. 유튜브와 각종 미디어에서 접한 피라미드의 신비로움에 매료되었기 때문이다. 피라미드의 신비는 기 에너지라는 이른바 '기'에 대한 이야기들이 머릿속을 맴돌았다.

생각에 생각을 몰입하다 보니 '피라미드 체험 센터를 만들면 어떨까?' 하는 생각이 불현듯 들었다. 요즘 유행하는 베이커리 카페를 하나 오픈하고 피라미드를 전시하면 독특한 볼거리가 되지 않을까 하는 엉뚱한 상상까지 도달했다. 그리고 이 생각은 곧 행동으로 이어졌다.

경북 예천의 모 교수님을 찾아가 피라미드 제작에 대해 배웠고, 홍천의 피라미드 모양 글램핑장도 방문했다. 글램핑장 사장님의 피라미드에 맹신적인 설명을 들으며 필자는 점점 더 이 신비한 세계에 빠져들었다.

화성 시청 앞 피라미드 빌라촌을 방문했을 때는 더욱 흥미로웠다. 그곳에 산다는 주민은 하나같이 피라미드에서의 삶이 놀랍다고 말했기 때문이다. 잠이 잘 온다든지, 상처가 빨리 아문다든지, 심지어 과일이 창가에 놓아도 상하지 않고 오래 신선하다는 이야기까지, 그들의 설명을 들으며 필자는 점점 더 궁금증이 커져만 갔다.

결국 필자는 직접 피라미드를 만들기로 결심했다. 우선 기가 스며있음을 증명해 보려고 피라미드 농작물 키우는 온실을 지었다. 어느 날은 차를 타고 가다가 제법 큰 크기의 스핑크스 조형물을 발견하고 주인을 닦달하여(15톤 장축 화물차 운반) 가져다 놓았다. 피라미드에 지나치게 몰입한 나머지 다른 것들 일상은 뒷전이 되어버렸다. 그러던 어느 날, 우연한 기회에 86세의 설송 선생님을 만나게 되었다. 불교에서 말하는 '시절인연(時節因緣)'이라고 할까? 이 만남이 필자의 인생에 큰 영향을 미칠지 그때는 전혀 알지 못했다. 지금 돌이켜 보면, 그 시절의 필자는 피라미드라는 미지의 세계에 너무 깊이 빠져있었던 것 같다.

하지만 그 경험 무모함이 없었다면 지금의 필자도 없었을 것이다. 때로는 맹목적인 열정이 우리를 새로운 깨달음으로 이끌어주기도 한다. 피라미드의 유혹은 필자에게 그런 의미였다. 그리고 그 여정의 끝에서 만난 설송 선생님과의 인연은, 어쩌면 필자의 인생에 새로운 장을 열어준 열쇠였음이 분명했다.

설송 선생님을 처음 만났을 때, 선생님은 필자가 만든 피라미드 위치 앞에서 L 로드를 가지고 기의 힘(力)을 측정해 보이셨는데 동서남북 방향에 따라 달라지는 것을 보여주시고, 피라미드 안에서는 놀랍도록 동서남북 어느 방향이든 기가 한결같이 펼쳐지는 것을 또한 보여주셨다.

그리곤 이렇게 펼쳐지는 에너지의 강도가 바로 우주의 기 에너지라고 설명했다. 실제 목도하기는 했지만 처음에는 이 모든 것이 허무맹랑하게 들렸다. '사이비'라는 단어가 머릿속에서 떠나지 않았다. 하지만 선생님은 포기하지 않으셨는데 꾸준히 당신의 경험과 이론을 설명하셨고, 하나둘씩 실증해 보이시는 것을 제지하기가 미안하여 그대로 놓아두었다.

그런데 여러 번 반복되다 보니 단순 '반복 접촉 효과'라고 마치 생소한 광고가 반복되면 익숙해지듯 선생님의 가르침이 조금씩 필자의 마음에 스며들기 시작했다. 그래도 필자는 여전히 과학적 증명에 집착했다. 아니 갈구했다는 것이 맞을 듯하다. 왜냐하면, 필자 또한 몰입되어 갔으니까 말이다. 인터넷을 뒤지고 세계 석학들의 논문을 찾았다.

과학적, 비과학적 체험 사례들을 모으고 또 탐색했다. 동시에 선생님과 함께 다양한 체험과 실험을 병행했다. 그러던 어느 날 마치 디오게네스의 '유레카' 외침처럼 거창한 것은 아니었지만 필자에게도 깨달음의 순간이 찾아왔다. 양자장과 토션필드, 극성 에너지의 조화에서 우주 에너지의 기 개념을 이해하게 된 것이다. 필자는 휘선당착 요법으로 우회전 에너지를 확대 고정시킨다는 나름대로의 에너지 요법을 정립하기에 이르렀다.

돌이켜보면, 그 모든 과정이 하나의 긴 여정이 아니었나 생각해 본다. 불신으로 가득 찼지만, 끊임없는 접근과 탐구와 체험을 통해 새로운 세계를 발견하게 되었는데 이 모든 것이 한 번의 우연한 만남에서 시작되었다는 사실이 필자 역시 놀라울 뿐이다.

우리의 삶은 이처럼 예측할 수 없는 만남으로 가득 차있다. 그리고 이 만남이 우리를 어디로 이끌어갈지, 아무도 알 수 없다. 그러나 전제할 조건은 우리가 할 수 있는 것은 열린 마음으로 그 만남을 받아들이고, 그 속에서 배움의 기회를 찾는 것이다. 필자의 우연한 계기와 호기심에서 시작된 피라미드 여정은 그렇게 시작되어 결국 넘쳐나는 우주 에너지의 바다로 뛰어들었다.

우주는 정말 신기한 에너지로 가득 차있다. 마치 거대한 바다처럼 말이다. 이 '에너지 바다'는 우리 눈에 보이지 않지만, 우주의 모든 곳에 퍼져있는 것이다.

다시 말하면 이 에너지는 별들을 만들고, 행성들을 움직이게 하고, 심지어 우리에게도 영향을 준다. 우리가 숨 쉬는 공기, 마시는 물, 먹는 음식 모두 이 우주 에너지와 연결되어 있다.

생각해 보자. 우리가 바다에서 수영할 때 물에 둘러싸여 있는 것처럼, 우리는 항상 이 보이지 않는 에너지 바다 속에 있다. 이 에너지는 우리를 건강하게 해주고, 행복하게 해주며, 모든 생명체를 연결해 주는 특별한 힘이다.

그래서 우리가 긍정적인 생각을 하고, 깊게 숨을 쉬고, 자연 속에서 시간을 보내면 이 멋진 우주 에너지를 더 많이 느낄 수 있다. 마치 우리가 이 거대한 에너지 바다에서 즐겁게 수영하는 것처럼 말이다.

더욱 우주 에너지를 체계적으로 확대하기 위하여 그린 재킷이란 상호를 정했다. '그린 재킷'은 이러한 우주 에너지의 힘을 모든 이에게 전달하는 매개체가 될 것이다. 필자는 우주 에너지 백신을 공급하는 것을 목표로 삼았는데, 이것의 이면에는 진정한 의미에서의 '웰빙'을 추구하는 것이다. 육체적 건강뿐만 아니라 정신적, 영적 건강까지 아우르는 총체적인 웰빙이다. '그린 재킷을 입혀드리겠습니다'는 야심에 찬 포부이다.

질병을 이겨내고, 사업에서 성공하고, 행복한 가정을 이루는 것. 이 모든 것이 필자가 꿈꾸는 '그린 재킷'의 모습이다. 오늘도 필자는 꿈을 꾼다. 언젠가 이 땅의 모든 사람들이 '그린 재킷'을 입는 날을. 그날까지 필자는 우주의 에너지를 당겨서, 승리의 기쁨을 함께 나눌 것이다. 누구든 원하는 자는 초록빛 재킷을 입고 승리의 깃발을 꽂기를 원한다. 우회전 에너지를 잡으면 가능한 일이다. 그것을 잡는 방법은 '휘선당착 요법'을 통한 에너지 '우주 백신'이다.

우리가 아프고, 일이 잘 안 되고, 고통스럽게 살아가는 이유는 무엇일까? 우주 에너지를 선택하여 전자기로 파동을 주고 당기면 모든 신체와 정신에 양(陽), 활력 에너지가 상승한다.

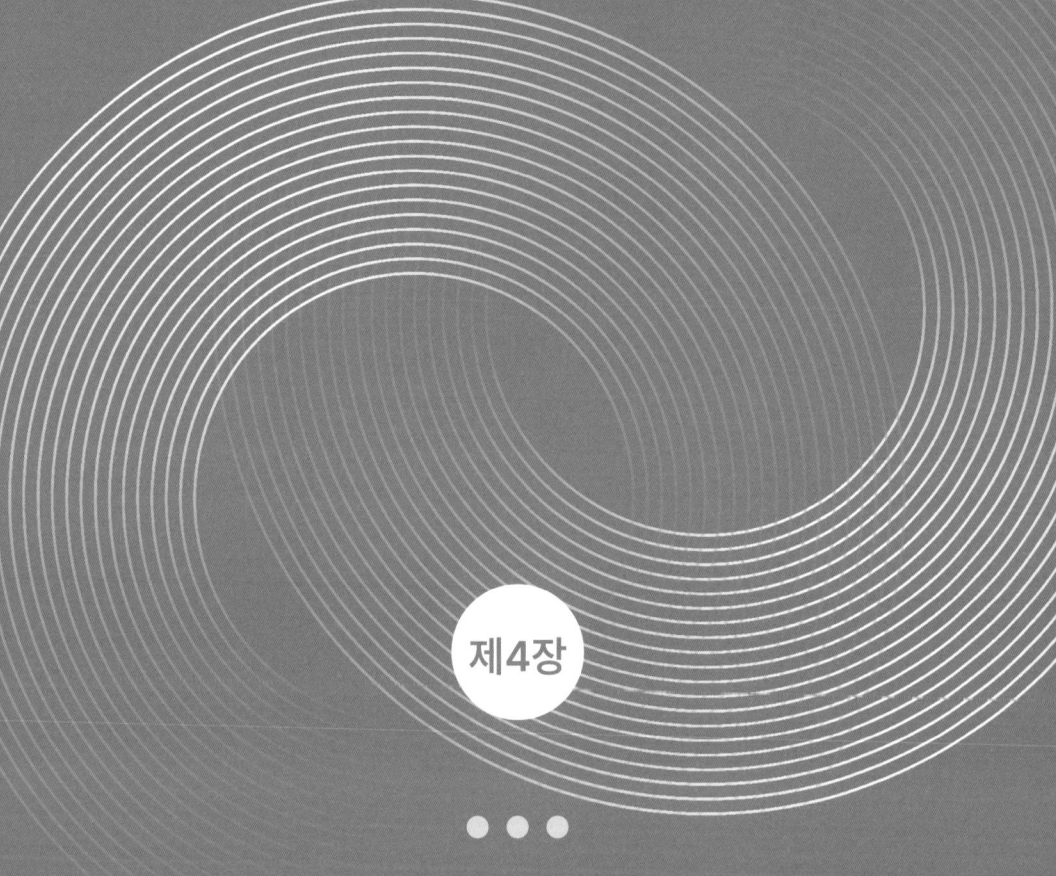

제4장

삶이란 보이지 않는 실핏줄

삶이란 보이지 않는 실핏줄

어떻게 연락처를 알았는지를 끝내 밝히기를 거부한 의뢰자로부터 연락을 받고 양평으로 갔다. 여름이고 해가 지는 저녁 무렵이었는데 유원지를 끼고 들어가자 길옆에 축축한 흰색 건물이 보였다. 건물은 반쯤 묻힌 듯 반쯤 보이는 듯했는데 수풀이 우거져서 건물이 앞면만 보여서였다.

내비게이션을 보면 이곳이 분명 맞는 것 같았다. 2층 집이었는데 1층에는 커피와 민속 차를 파는 찻집 문이 열려있었고, 2층도 창문이 넓게 나서 공간이 훤하게 지어졌다.

주차장에 차를 대고 마침 단풍나무 밑에 테이블이 놓여있어 앉아서 주변을 살폈다. 귀밑이 섬뜩했다. 비가 온 뒤라 그런지 음습해서였기도 하지만 기를 체득한 필자로서는 뭔가 서늘한 기운을 읽었다.

전화를 하니 2층에서 좀 뚱뚱하고 얼굴이 뽀얀 아주머니가 나왔는데, 나이는 50대 초반쯤 되어 보였다.
"잠시만 기다리세요."
"아, 네."

그는 부산하게 2층에 올라가느라 치우지 못했는지 찻집을 정돈하느라 분주했다. 한참을 인내할 시간이 필요했다. 그녀는 칡차를 컵에 담아 가지고 왔다. 우리는 주차장 옆에 큰 나무들이 우거져 있는 테이블 앞에 앉았다. 그녀는 아담한 키에 복스러웠지만 붓기까지 있어 보여 몸이 안 좋다는 것을 느낄 수 있었다. 무언가 공허하고 외롭고 불만에 가득 찬 느낌이 들었다.

"남편이 죽이고 싶도록 미워요. 그래서 날마다 짜증 나요."

"아, 네?"

필자 앞에 앉자마자 같은 편이라는 듯 그녀는 화풀이를 해야만 속이 풀릴 듯이 쏟아냈다.

"제가 저 앞 입구에서 카페를 했는데 남편이 내 허락도 없이 팔아버렸어요. 그대로 놔두었으면 이 꼴이 안 되었을 텐데 원망스럽기만 하죠. 날마다 그 생각만 하면 속이 불나요."

"?"

"나한테 1억5천만 원을 준다 하고는 지금껏 안 주고는 혼자 꼴깍해 먹었지요."

"아, 네."

"그러니 속 안 터지겠어요?"

"?"

"오늘 아침에도 밥상을 차려 놨는데 밥도 안 먹고 가버렸어요."

"?"

"글쎄, 고양이가 창밖에 서있어서 내가 저것도 안 쫓아내고 뭐 하냐고 소리를 친 거죠."

"?"

"무조건 남편이 미운 거죠."

아들에 대한 상담을 한 분은 이분인 것 같았는데 정작 이 아줌마도 이상이 있는 게 분명했다. "혹시 집 안을 둘러봐도 될까요?" 나는 집 안에 분명 살기가 흐르고 수맥파가 휘감고 있을 것이라는 예상을 하고 우선 찻집부터 들어섰다. 커피와 국산 차를 파는 조그만 산행로 옆 찻집은 고즈넉한 분위기였다.

"남편이 지은 것인데 전엔 절터였거든요."

"절터라니요?"

"여기에 조그만 암자 같은 절이 있는데 헐고 지었어요."

"?"

"얼마나 명당인 줄 몰라요. 근데 암튼 전 여기 온 뒤로 화만 나고 그래요."

"절터였으면 기운적인 측면에서 명당 같지만…, 그렇지 않은 곳도 많지요."

"네, 여기가 명당인데…."

"저는 우주 에너지를 측량하고 고정시켜 주는 일을 합니다. 물리학이지요. 그런데 샤머니즘적 관점에서 보면 여러 신에게 도와달라 기도하는 곳이라 많은 신이 법석댄다고 할 수 있어요."

민속신앙에서 보면 아마도 그 기운이 있는 듯했다.

"나도 그렇게 생각해요."

아주머니는 고개를 끄덕이며 동조하는 내색을 하였다.

"아닙니다. 우주 에너지 속에는 이 모든 샤머니즘도 우주 에너지의 한속에 있다고 보고 있지요. 아직 지구 에너지와 자원은 4%만 오늘날 밝혀졌고, 96%가 모르는 세계이니까요."

"선생님, 울 아들 고칠 수 있을까요?"

"글쎄요. 아들은 나중이고 사모님 측정 좀 해볼게요. 사모님도 에너지가 안 좋을 듯한데요."

나는 기운을 측정했다. 그녀를 측정하자 측량기가 안쪽으로 돌아갔는데 좌회전파가 상당했다.

"사모님, 사람에겐 기운이 있어요. 우주 기운이라 하는데 우측으로 돌면 긍정적으로 모든 기운이 모이고 안으로 오그라들면 부정적으로 사기가 넘쳐 문제가 발생하지요."

"?"

"근데 측정자가 안쪽으로 도는 것을 보니 사모님 엄청 안 좋네요."

"맞아요. 남편 땜시 그래요. 날마다 짜증만 나요."

"언제부터 그런가요?"

"한 5년 된 것 같아요. 아까 얘기했잖아요. 그 커피숍 내 건데 팔고부터 이곳 와서 몸이 아프고 짜증만 나고 죽고만 싶어요."

"아, 그랬군요. 여기 실내를 측정해 볼게요."

필자는 측정기로 온통 냉기가 흐르는 것을 보여주었다. 이건 보통이 아니었다. 기운이 마이너스를 훨씬 넘게 나타내고 있었다. 그때 아들이 들어왔다. 32세 정도 되는 젊은이였는데, 아주 훤한 키에 턱 밑에 면도한 자욱이 선명한 미남이었다. "이리 와서 앉아. 엄마 보러 온 거여." 조심스러운 목소리로 그녀는 아들을 필자 앞에 앉게 했다.

"우리 엄마 어떻게 알고 왔어요?"

"애는, 엄마가 연락한 거야."

"에이 씨팔 쌍, 가만 있어!"

필자는 깜짝 놀랐다. 갑자기 아들은 눈을 부라리며 그녀에게 쌍 꺼풀 진 눈을 치켜뜨며 아주 욕설 가까운 말을 튕겨냈다. 아 차 하고 필자는 경계심이 들었다. 이 아들이 정말 이상하구나. 생긴 거로 봐서 전혀 이상하단 생각이 안 들 정도인데 말투에서부터 표가 났다. 머리털이 쭈뼛 솟았다. 엄마에게 마구 해대는 것이 한두 번한 것이 아닌 것을 알 수 있는 윽박지름이었다. 모자지간에 상상이 안 되는 험한 분위기였지만, 이들은 일상인 듯했다. 그녀는 꾸욱 몸을 낮췄고, 필자는 우주 에너지를 잡아주는 사람이며, 오게 된 이유를 설명하고 아들을 조심스레 탐색하기 시작했다. 엄마의 이상 상태 그리고 집 안의 기운을 의식하며 아들을 살폈다.

잘못하다가는 한 대 맞을지도 모르게 시비가 시작될 것 같은 예감이 들었지만 애써 태연한 척했다.

"아저씨, 우주 에너지요. 그거 진짜 있다."

아들은 씨익 웃으며 자기 것도 측정해 달라고 한다.

"아, 우주 에너지는 온 지구 은하에 있지요. 그 에너지는 바로 이 엘로드로 측정되고, 그 퍼센트가 얼마인지 까지 프로(%)가 나옵니다."

"?"

"자, 보세요. 지금 아드님을 대보니 에너지파 측정기가 마이너스를 가리키지요? 안쪽으로 도는 에너지는 좌회전 에너지인데 나쁜 기운이라는 뜻입니다."

필자는 조심스럽게 설명을 했고, 그는 심각하게 듣는 듯했다. 그러더니 대뜸 소리를 질렀다.

"에이, 사기꾼 맞죠?"

아들은 지금까지 얼굴빛과 다르게 갑자기 벌겋게 상기된 채 핏기 진 얼굴이 되어 따지듯 대들었다.

"내가 변호사요! 성균관대 수석 졸업했고, 로스쿨 출신인데 어디서 거짓말해요!"

아들은 시비를 걸기 시작했다. 정신적인 문제가 있는 사람하고 다투어 보았자 본전도 못 찾는 뻔하니 포기하고 돌아가야겠다는 생각이 들었다. 어떻게 하든 슬슬 더 이상 말꼬리 잡히지 말고 벗어나는 게 상책이었다.

그러나 아들은 틈을 주지 않았다. 그의 말 폭탄은 거침없었다. 못 이기는 척 들어주며 슬슬 주차장으로 나왔다. 차량 앞까지 오사 문 앞에서는 차량에 왜 선팅을 했냐며 이거 불법이라고 대들었다.

"나 법과 출신이야. 나 변호사야. 변호사를 속이려 해요?"

초점이 흐린 아들의 눈빛은 무서웠다. 필자는 슬그머니 어떻게든 이 자리를 빨리 벗어나야겠다는 생각만 들었다. 미친 사람하고 싸운다는 것은 바보짓이라는 것을 잘 알기에 어떻게 하든 진정되기만을 기다렸다. 그녀는 말릴 생각도, 말릴 수도 없는 듯 보이지도 않았다. 그때 전화가 왔다. 그녀의 전화였다.

"듣기만 해요. 제가 남편 전화번호를 찍었으니 남편이랑 만나봐요."
"네?"
"아들은 원래 그래요. 얼른 차 타고 빠져나가세요."

제4장 · 삶이란 보이지 않는 실핏줄 111

"아, 네."

나는 전화를 끊고 차에 올랐다. 물론 한참을 문을 막고 있는 아들에게 시달려야만 했다.

다행히 잠시 생각이 변했는지 아들이 조용해졌고, 필자는 무사히 빠져나왔다. 그리고 아주머니가 말해 준 대로 남편을 만나러 갔다.

남편은 태양광 공사를 하는 설비 업체를 운영하고 있었다. 필자는 업체로 쓰고 있는 사무실 우주 에너지 기운과 수맥파 살기와 아주머니와 아들의 상태를 얘기했다.

"거기 우리 집요, 앞쪽에 좌청룡, 우측에 우청룡이 있는 아주 멋진 장솝니다. 그만한 명당이 없지요."

필자는 일단 수긍을 하는 듯 반응을 보여주었다.

"수맥을 나도 볼 줄 알아요."

남편은 그동안 공사를 하면서 자연 알게 된 풍수지리에 대하여 좀 안다고 했다. 그리곤 자기 집의 수맥 풍수지리를 열거하며 한참을 신들린 듯 입지를 자랑했다. 그때 그녀로부터 전화가 왔다. 만났느냐는 것이었다. 만나고 있다고 하니까 작은 목소리로 남편도 아들처럼 이상하다고 귀띔해 주었다.

"아, 네~."

필자는 남편을 만난 뒤 느껴지는 이상증세를 감으로 잡고 있었는데 부인으로부터 들으니 묘한 느낌이 들었다. 그물망이 가로세로로 서로를 엮듯 서로 이상하다고 생각하며 살아가는 가족이 어떤 연유인지 궁금해졌다. 남편은 무슨 할 말이 그렇게 많은지 이것저것 말을 늘어놓았다. 한 시간가량을 들어주어야 했다. 그는 아내와 아들이 이상하다고 하면서 본인만이 정상인인 것처럼 이야기했다. 필자가 보기에는 본인도 많이 이상한 듯한데 전혀 모르고 있는 듯했다.

필자는 측정기로 그의 기운을 측정해 보겠다고 하며 L 로드를 꺼냈다. 그리고 그의 5평 남짓한 사무실의 에너지를 측정했다. 수맥과 생기와 살기를 측정했다.

"사장님 기를 보실 줄 아신다고 했지요. 여기 사무실 살기가 흐르네요. 이거 보이시지요?"

그의 앞에서 측량기를 들이대었다.

"나도 이거 할 줄 알아요."

"그러시지요. 그런데 이것을 우회전 에너지로 잡아드리는 방법은 모르시지요?"

"?"

"보세요. 제가 눈앞에서 바로 잡아드릴게요. 자, 보세요."

필자는 그의 사무실을 수맥을 측정하고 좋은 곳과 나쁜 곳을 지적해 주었다. 그리고 바로잡아 주겠다며 즉시 처방을 넣었다. 수맥파를 감지하고 즉석에서 수맥파도 차단하는 비법이었다.

L 로드의 양쪽 끝이 밖으로 벌어져 우주 에너지가 플러스 우회전으로 확장되었다.

"사장님, 아까 살기가 있고, 수맥파가 흐르는 곳에서는 측정기 양쪽 끝이 안으로 오므라들었지요. 지금은 쫙 펴지잖아요."

"허, 그거 참 희한하네."

그는 고개를 꺄우뚱하며 이상하다는 표정을 지어 보였다.

"사장님, 지금 눈으로 보셨죠? 살기파가 우회전으로 바뀌는 것을. 사장님, 기운이 안 좋으시네요. 사장님, 아까 다녀온 사장님 집 그 절터 위에 지은 집이 사장님의 애정이 깃들었을지 몰라도 살기가 흐르던데 그것도 아주 많이 흘러요. 그래서 아들도, 사모님도 또 이렇게 말하면 좀 과하지만 사장님도 에너지 기운이 좌회전으로 흐르고 있어요."

남편은 이미 알고 있었다는 듯 대꾸했다.

"나도 수맥을 좀 볼 줄 아는데 거기 수맥 흐른다는 것을 알아요. 내가 동판 갖다 쫙 깔 겁니다."

"동판요?"

"내가 동판을 갖다 모두 깔 겁니다."

"물론 그렇게 하시면 되겠지만 그건 비용도 엄청 많이 들고 또 수맥만 잡으면 되는 게 아닙니다."

"?"

"하늘로부터 오는 우주 에너지도 잡아야 합니다."

"우주 에너지요?"

"네, 인간은 태어나면서 우주 에너지를 가지고 태어나지요. 하는 일마다 안 되거나 병증에 시달리는 사람들은 이 우주 에너지가 약해서 그럽니다. 그러니까 우주 에너지를 당겨서 고정시켜야만 모든 일들이 잘 풀립니다."

"?"

"믿기지 않으시지요? 헌데 저도 그렇고, 사장님도 더욱이 나이가 먹을수록 확증편향이란 게 강하게 있지요! 고집이랄까? 사람은 자기가 믿고 싶은 것만 믿지요. 나이가 들수록 고집도 세지고요. 지금 측정한 것도 바로 보고서 못 믿는 게 사람이랍니다."

"허참? 거기가 명당인데. 풍수지리를 내가 아는데 그만한 장소가 없는데."

사장은 연실 자신의 절터 집이 가장 최고의 명당이라고 자부심 가득한 말만 되뇌었다. 필자는 안타까움이 목에까지 차올랐다. 꼭 우주 에너지를 잡아주고 싶었다. 하지만 남편 앞에서 필자의 설명은 무력해 보였다. 결국 나중에 꼭 처방을 받겠다는 남편의 말을 끝으로 우리는 헤어졌다.

집으로 돌아오는 길 필자는 계속해서 의문을 품었다. 명당이고 풍수지리상 최상이라면 어째서 그 가족 모두의 기운이 좌회전으로 흐르고 있는 것일까? 왜 그들은 모두 힘들게 사는 것일까? 풍수시리에서 말하는 명당의 개념과 실제 에너지의 흐름 사이의 괴리를 생각하며, 필자는 더 깊은 연구와 이해가 필요하다는 것을 깨달았다. 때로는 우리가 믿고 있는 것들이 실제 우리의 삶에 어떤 영향을 미치는지, 더 객관적으로 바라볼 필요가 있다는 생각이 들었다.

우회전 파장은 인체를 보호하는 건강하고 유익한 에너지 파장이지만, 좌회전 파장은 해로울 수 있다. 이 가족의 사례를 통해, 우리가 살아가는 공간의 에너지가 얼마나 중요한지 다시 한번 생각하게 되었다. 앞으로 더 많은 사람이 이러한 에너지의 중요성을 인식하고, 진정한 의미의 '명당'에서 살 수 있기를 바라는 마음으로 집으로 향했다.

우주의 시, 풍수지리와 음양오행

물과 태양, 바람, 산과 들, 흙 등의 조화를 안다는 건 어려운 일이다. 이들이 구색을 갖추어 잘 조율되고 조화되면 명당이 되고, 수맥과 음양오행의 보조를 받는다. 풍수지리는 이것을 말한다. 다시 부언하면 이들이 모두 조화되어 펼쳐진 곳을 명당이라 하니 명당을 풍수지리의 목표라고 할 것이다. 이것은 우리 조상들이 오랫동안 자연과 함께 살아오면서 만들어 낸 지혜라고 볼 수 있다. 명당은 단순한 미신이 아니라 우리가 살아가는 공간과 환경을 더 잘 이해하고 좋은 삶을 살 수 있게 도와주는 중요한 기의 생활 문화라고 할 것이다. 이왕이면 자연과 더불어 살아가면서 명당에 살면 건강하고, 기도 살고 얼마나 좋겠는가 말이다.

풍수지리에서는 물이 어떻게 흐르는지, 땅속으로 흐르는 물길인 수맥이 어디에 있는지를 중요하게 여긴다. 좋은 기운이 모이는 곳은 보통 물이 잘 흐르고, 바람이 적당히 불며, 햇볕이 잘 든다. 이런 곳에 집을 지으면 사는 사람들이 행복해질 수 있다고 생각된다. 풍수지리와 명당은 우리 주변의 기운과도 깊은 관련이 있다. 기는 우리 눈에 보이지 않지만, 모든 곳에 흐르는 생명의 에너지라고 할 수 있다.

집을 지을 때 기운을 고려하면, 방향을 어디로 할지, 방을 어떻게 배치할지, 어떤 색깔을 쓸지 결정하는 데 도움이 된다. 예를 들어, 햇볕이 잘 드는 남향집이 기운이 좋다고 여긴다. 또 집 안에서도 기운이 잘 흐르도록 가구를 배치하고, 색깔을 선택한다. 명당을 선호하는 심리가 밑바닥에 깔려있기 때문이다.

도시를 만들 때도 기운을 고려한다. 산과 강 같은 자연과 잘 어울리는 도시를 만들면, 그 도시에 사는 사람들이 더 행복하고 건강하게 살 수 있다. 공원을 많이 만들고 나무를 심어 자연과 가까이 살 수 있게 하는 것도 좋은 기운을 만드는 방법이다.

회사나 사무실을 만들 때도 기운을 생각한다. 직원들이 일하기 좋은 환경을 만들면 회사도 잘 될 거라고 믿기 때문이다. 예를 들어, 사무실에 식물을 두거나 창문을 크게 내어 자연 빛이 잘 들어오게 하면 기운이 좋아진다.

우리 일상생활에서도 기운을 좋게 만들 수 있는데 집 안을 깨끗이 정리하고, 환기를 자주 하며, 밝고 긍정적인 마음을 가지면 좋은 기운이 모인다. 또, 가족이나 친구들과 사이좋게 지내는 것도 기운을 좋게 만드는 방법이다.

이렇게 기운을 생각하며 살아가면, 우리 주변 환경도 좋아지고 우리 마음도 더 편안해질 수 있다. 풍수지리와 명당의 개념은 우리가 자연과 조화롭게 살아가는 방법을 알려주는 지혜다. 이를 통해 우리는 더 행복하고 건강한 삶을 살 수 있게 되는 것이다.

기는 눈에 보이지 않지만, 우리 삶에 큰 영향을 미친다. 그래서 옛날부터 우리 조상들은 풍수를 중요하게 여겼고, 지금도 많은 사람이 풍수를 고려하며 명당을 흠모하며 살아가고 있다. 풍수는 일상생활에서 좋은 기운을 만들고 느끼려고 노력하는 정서며, 더 즐겁고 행복한 삶을 살기 위한 문화다.

그렇다면 명당을 찾는 데 가장 우선시하는 것은 무엇일까? 그것은 수맥이다. 수맥은 음기이고, 에너지를 기울게 하는 힘이 있어 수맥파가 건강과 밀접한 관련이 있기 때문이다. 수맥이 건강에 미치는 영향에 대한 논의는 전통적 신앙과 일부 대체 의학 분야에서 오랫동안 이루어졌다. 수맥은 지하에서 물이 흐르는 통로를 의미하며 이 수맥이 있는 곳에서는 지하에서 전기적, 자기적 에너지가 변화한다. 이 에너지는 사람의 기와 같은 에너지 흐름에 영향을 미쳐 몸의 균형을 깨뜨릴 수 있다.

수맥이 있는 곳 위에서 오랜 시간 생활하면 신체적, 정신적 건강에 나쁜 영향을 미쳐 에너지 불균형을 초래한다. 인체가 에너지를 소모하여 쉽게 피로를 느낄 수 있다. 수맥 위에서는 기운이 막히거나 정체될 수 있어, 신체 내부의 기 에너지가 원활하게 흐르지 않게 되기 때문이다. 수맥은 특히 수면과 관련하여 부정적인 영향을 미친다. 전통적으로 수맥 위에서 잠을 자면 잠이 제대로 오지 않거나, 깊은 잠을 자지 못하고 불면증에 시달릴 수 있다. 이는 수맥에서 나오는 에너지가 수면 중인 사람의 생체 리듬에 영향을 미쳐 신체를 긴장 상태로 만들거나 숙면을 방해한다.

특히, 수맥이 지나가는 자리에 침대나 작업 공간이 있을 경우, 그곳에 머무는 사람은 두통, 피로, 관절 통증, 혈액 순환장애 등 다양한 신체적 증상에 시달린다. 수맥이 지나가는 곳에서 장시간 머물면 두통과 만성 피로가 발생할 수 있다.

수맥은 신체의 에너지 균형을 깨뜨려 면역력을 약화하고, 질병에 대한 저항력을 떨어뜨린다. 또한 수맥은 감정적 불안을 유발한다. 수맥 위에서 생활하거나 일하면, 정신적으로 불안감이 증가하고 스트레스를 더 많이 받는다. 이는 수맥의 에너지가 신경계에 영향을 미쳐 감정적 안정감을 해칠 수 있기 때문이다.

과학적 관점에서는 수맥 탐사나 수맥이 건강에 미치는 영향에 대한 연구는 여전히 제한적이지만 에너지가 많은 부분에서 실험이 되고, 전통적인 신앙에 근거한 설명이 있는데 수맥은 전자기적 변화를 일으킬 수 있다는 것이다. 수맥이 지나가는 곳에서 발생하는 전기적, 자기적 변화가 인간의 건강에 영향을 미치기 때문이다.

어떻게 보면 수맥이 있다는 믿음 자체가 심리적 스트레스를 유발할 수도 있고, 집이나 생활 공간에 수맥이 있다는 믿음은 거기에 사는 사람들에게 불안감이나 스트레스를 증가시킬 수도 있다. 이는 일종의 플라세보 효과(실제로 약리학적 효과가 없는 물질을 투여했을 때 환자의 상태가 개선되는 현상을 말한다. 이는 환자의 믿음과 기대가 실제 생리학적 변화를 일으키는 강력한 심리적 메커니즘을 보여준다.)로 수맥에 대한 믿음이 강한 사람들은 수맥이 있는 곳에서 불편함을 느끼거나, 그곳을 피하려는 경향이 작용하여, 수맥이 있다는 생각만으로도 신체적, 정신적 불안정한 증상을 경험하게 된다.

수맥이 건강에 미친다고 믿는 사람들은 대응 방법은 주로 수맥을 피하거나, 그 영향을 줄이기 위한 조치들인데 수맥이 지나가는 위치를 찾아내어, 침대나 작업 공간을 다른 곳으로 옮기는 것이 일반적인 대응 방법이고. 수맥이 흐르는 곳에서 잠을 자거나 일하는 것을 되도록 피하거나 동판을 사서 동판을 까는 방법을 쓰고 있다.

수맥은 일반적으로 눈에 보이지 않지만, 수맥 탐지기를 사용해 그 위치를 추정하기도 한다. 수맥은 집 안에서 통상적으로 벽이나 바닥을 따라 지나간다고 가정하며, 침대나 가구 배치에서 영향을 받지 않도록 주의하는 경우가 많은데 수맥이 인체에 미치는 영향에 대한 믿음은 여전히 논란이 많은 관계로 개인의 경험과 신념에 따라 다르게 받아들여질 수 있는 만큼, 수맥의 건강 영향을 둘러싼 논쟁이 계속되고 있기는 하다.

그러나 필자는 바로 단언할 수 있다. 경험이 자신감이다. 수맥을 바로 잡을 수 있는 것은 간단하다. 하늘의 저 끝 은하수로부터 우주 에너지를 끌어당겨 착상시키면 된다. 황당무계한 듯 보이지만 눈앞에서 수맥을 측정한 뒤 처방하고, 다시 수맥을 측정하면 그 파동이 없어진 것을 보게 된다. 놀라운 일이다.

이 수맥을 잡아놓는다는 것은 아무나 할 수 있는 일이 아니긴 하다. 동판을 침대 밑에 깔면 된다는 분도 있다. 하지만 전체를 깐다는 것은 무모한 일이다, 비용도 만만치 않게 들어갈 것이고, 원하는 곳을 잡았다고 해도 나머지를 못 잡으면 소용이 없다. 집 안 전체에서 수맥을 차단해야만 하는데, 그것은 거의 불가능한 일이다.

정말로 수맥의 흐르는 방향을 집어내고 수맥을 즉석에서 차단하기 위해서는 어떻게 해야 하는가? 특별한 재료에 정보를 입혀주어야만 한다. 물리적 비책이 필요하다. 무릎이 아픈 주부는 자주 왔다 갔다 하는 주방을 측정해 보면 반드시 수맥이 흐른다. 허리가 안 좋은 사람은 잠자는 침대나 소파 그 부근에 또 반드시 수맥이 흐른다. 희한하게도 일부러 그런 곳을 만드는 건지 그런 곳이라 찾아가는 건지는 의문이다. 아마도 서로 어떤 동시성 현상일 것이라 여겨진다. 그러면 그 수맥이 흐르는 그 부분만 잡으면 될 것 같지만 그렇지 않다. 주변 생활권 반경 전체를 처방해야 한다. 그렇게 하면 무조건 수맥으로부터 해방된다. 어떤 판을 전체 까는 건 아니다.

처방 후 즉석에서 눈으로 수맥파가 제거된 것을 볼 수가 있다고 하면 어떤 반응을 보일까? 이것은 아직 밝혀지지 않은 우주의 에너지다. 우주 에너지를 당겨서 확대하여 고정하는 비법을 휘선당착 요법이라고 하는데, 이것은 우주의 위치감응을 통한 비책이다. 이 수맥을 잡는 게 어렵거나 거창하거나 많은 비용이 들지도 않는다. 가장 간단하게 즉석에서 바로잡을 수 있다.

일단 수맥 측정의 가장 이상적인 방법은 직접 집 안에 들어가 실측하는 것이지만, 그렇지 못할 때는 원거리에서도 가능하다. 집 안에 직접 당도하지 못할 경우는 단순한 도면, 즉 침대와 가구, 주방 등의 배치를 그려주면 수맥파가 지나는 길을 바로 그 자리에서 도면에 밝혀낼 수 있는 놀라운 방법이 있다.

이는 마치 눈앞에서 투명한 물길을 그리는 것과 같은 놀라운 경험이다. 하지만 여기서 또 중요한 점은 수맥을 완전히 차단하고 잡는 일은 원거리로 안 되며, 직접 방문해야만 된다. 왜냐하면, 물리적인 차단 방법은 동 현장에서 해야만 하기 때문이다. 진정한 해결은 집 전체의 수맥을 물리적으로 처리하는 것이다.

방향, 각도, 당김, 장착 등 형이상학에 기반한 형이하학적인 물리적인 방법이다. 수맥 탐지와 차단은 마치 보이지 않는 물의 흐름을 읽고 제어하는 신비로운 기술이다. 전문성, 섬세함, 그리고 전체적인 마음 접근이 요구된다.

그럼 여기서 음양오행도 살펴보자. 음양오행은 나무, 불, 흙, 쇠, 물이 서로 영향을 주고받는다. 음양오행설은 단순한 철학적 개념이 아니라 생명의 근원적 리듬을 담고 있는 심오한 세계관에 있다. 물론 풍수지리에 속한 명당의 기본 조건이기도 하다. 음양오행은 옛날 우리 조상들이 세상을 이해하는 방법으로 우리 삶에 대한 지혜를 담고 있다.

음(陰)과 양(陽)은 마치 밤과 낮처럼 서로를 필요로 하는 존재들이다. 양이 극에 달하면 음이 생겨나고, 음이 극에 달하면 양이 피어나는 그 미묘한 균형. 이것이 바로 우주의 근본적인 호흡이다. 음은 어둡고 조용한 것, 밤 같은 것을 말한다. 양은 밝고 활발한 것을 말한다. 낮 같은 것이다. 음과 양은 서로 필요하다. 낮이 지나면 밤이 오고, 밤이 지나면 또 낮이 오는 것처럼. 그다음 '오행'이라는 게 있다. 오행은 다섯 가지 중요한 것들을 말한다. 목(木), 화(火), 토(土), 금(金), 수(水), 이 다섯 가지가 서로 어울려 세상을 만든다. 마치 여러 악기가 모여 아름다운 음악을 만드는 것처럼 말이다. 교향곡의 악기들처럼 서로 어우러져 끊임없이 변화하고 순환한다.

고대부터 현대에 이르기까지 한국 사회에서 이 음양오행설은 단순한 철학이 아니라 삶의 지혜였다. 고분 벽화의 사신도에서부터 조선의 성리학까지, 이 사상은 우리 문화의 깊은 곳에 스며들어 있었다. 정치, 사회, 문화의 모든 영역을 관통하는 근본 원리였던 것이다. "태극이 움직여 양을 낳는데 움직임이 극도에 이르면 고요하게 되고, 고요하면 음을 낳는다." 이 말은 우주의 숨결 그 자체를 노래한다.

우리 주변의 세상은 계속 움직이고 변하고 있다. 이것이 바로 우리 우주의 모습이다. 음양오행설은 이런 세상을 이해하는 방법을 알려준다. 이 방법은 우리에게 몇 가지 중요한 것을 가르쳐주는데, 첫째 서로 다른 것들도 잘 어울릴 수 있다. 예를 들면, 낮과 밤이 서로 바뀌면서 하루가 되는 것처럼. 둘째 세상은 계속 변하지만, 그 속에서 균형을 찾을 수 있다. 봄, 여름, 가을, 겨울이 돌아가면서 1년이 되는 것처럼. 셋째 모든 것은 서로 연결되어 있다. 나무, 불, 흙, 쇠, 물이 서로 영향을 주고받는 것처럼 말이다.

이런 생각들은 단순히 머리로 아는 것이 아니라 우리 삶을 더 좋게 만들어 주는 지혜이다.

물리적 진동뿐만 아니라 물리적으로 감지되지 않는 진동도 인체의 여러 장기를 정상 상태로 회복시키는 역할을 한다. 신체의 장기도 소리의 진동에 공명한다.

제5장

끊임없이 생명을 노래하는 양(陽), 우회전 에너지

● ● ●
끊임없이 생명을 노래하는 양(陽), 우회전 에너지

양(陽)의 에너지는 오른쪽으로 도는 에너지로 끊임없이 움직이며, 생명을 노래하는 우주의 에너지다. 활동적이고, 밝고, 따뜻한 에너지를 상징하며, 성장과 변화를 촉진하는 힘으로 작용한다.

이 에너지는 우리 주변의 모든 것을 밝고 따뜻하게 만들어 준다. 봄에 꽃이 피고 나무가 자라는 것처럼, 이 에너지는 모든 것을 자라게 하고 변화시키는 힘이 있다.

우리 몸과 마음도 이 에너지의 영향을 받는데, 우리가 건강하고 행복할 때, 이 에너지가 우리 몸 안에서 잘 돌아가고 있는 것이다. 마치 우리 몸 안에 작은 태양이 있는 것처럼 따뜻하고 밝은 기운을 만들어 낸다.

옛날 동양의 현명한 사람들은 이 에너지가 우리 삶에 정말 중요하다고 생각했다. 요가를 하는 사람들은 이 에너지가 우리 몸의 특별한 지점들을 돌면서 우리를 건강하게 만든다고 믿는다.

이 멋진 에너지는 우리 주변 모든 곳에 있다. 우리가 웃고, 뛰어놀고, 친구들과 즐겁게 지낼 때, 이 밝고 따뜻한 에너지를 느낄 수 있다. 그러니 항상 밝고 긍정적인 마음을 가지면, 이 뷰티풀 우주의 에너지와 함께 춤을 추는 것 같은 기분을 항상 느낄 수 있다.

그렇다면 왜 우회전일까? 캐나다 서스케처원대 심리학과 로린 J. 엘리아스 교수(부학장)가 일상에서 나타나는 좌우 편향을 뇌과학으로 풀어쓴 책 『기울어진 뇌』(송영은 기자)에서 보면 "우리는 10명 중 9명이 오른손잡이다. 어려서부터 그렇게 교육받아서라고 생각할 수 있지만, 고대로 거슬러 올라가도 물건을 주로 오른손에 쥐는 편향성이 나타난다. 전 세계 다양한 종교의식에서 왼손은 주로 경멸의 대상으로 여겨지고 심지어 굴욕적인 취급도 받는다. 나이지리아 남부의 일부 부족은 여성이 요리할 때 왼손을 사용하지 못하게 한다. 이는 부족 사람들이 음식에 독을 탈 때 왼손을 사용한다고 인식하기 때문에 생겨난 관습으로 알려져 있다. 눈과 귀, 코에도 좌우 편향성이 나타난다. 예컨대 평소에는 양쪽 눈을 사용하더라도 먼 곳의 물체를 보거나 망원경을 볼 때, 열쇠 구멍을 들여다볼 때 같은 상황에서는 한쪽 눈이 시각 능력을 지배한다. 연구 소사 결과에 따르면 전체 인구 중 3분의 2는 이런 상황에서 오른쪽 눈을 사용한다. 귀도 비슷하다. 먼 너머 소리를 듣기 위해 귀를 갖다대거나 수화기에 한쪽 귀를 댈 때도 우리는 오른쪽 귀를 사용하는 경향이 높다. 또 일부 국가에서는 오른손으로 식사를 하고, 왼손으로는 변을 닦는다."라는 내용이 있다.

더불어 필자가 많은 메스컴 보도로 상식화된 기억에서도 이 오른쪽에 대한 자료는 나타난다. 티베트 불교에서는 '만다라(산스크리트어에서 유래하며, '원'과 '중심'을 의미한다. 어원적으로는 '본질'을 뜻하는 'Mandala'와 '소유'나 '성취'를 의미하는 'La'가 합쳐져 '본질을 얻다' 또는 '본질을 성취하다'는 의미를 가진다. 만다라는 불교에서 수행자가 명상을 통해 우주의 핵심과 합일하고자 하는 깨달음의 안내도와 마음 상태를 형상화한 것으로, 종교적 상징으로 사용되었다.)'라는 특별한 그림을 그린다. 이 만다라는 보통 오른쪽으로 돌아가는 모양으로 그려진다. 이렇게 오른쪽으로 돌아가는 모양은 우주의 특별한 힘이 가운데에서 바깥으로 퍼져 나가는 것을 보여준다. 마치 우리가 돌을 연못에 던졌을 때 물결이 퍼져 나가는 것처럼, 퍼져 나가는 힘이 세상의 모든 것을 만들어 낸다. 오른쪽으로 도는 것은 좋은 일들이 계속 생기고 발전한다는 뜻이다.

수피즘(이슬람교의 신비주의적 경향을 띤 한 종파. 금욕과 고행을 중시하고 청빈한 생활을 이상으로 하는데, 8세기 무렵부터 나타나서 12세기부터 13세기 이후에 많은 교단이 조직되었다.)이라는 이슬람교의 한 종류에서는 사람들이 빙글빙글 돌면서 춤을 춘다. 이 춤을 '세마'라고 부른다. 세마를 추는 사람들은 오른쪽으로 계속 돈다. 이렇게 돌면서 춤을 추면 하느님과 가까워질 수 있다고 믿는데, 마치 우리가 엄마, 아빠와 꼭 안아서 하나가 되는 것처럼, 춤을 추는 사람들은 하느님과 하나가 되는 느낌을 받는다.

두 종교에서 모두 오른쪽으로 도는 것이 중요하다. 이건 좋은 일들이 계속 생기고, 우리가 더 좋은 사람이 되어간다는 뜻이다. 요즘에는 많은 사람이 오른쪽으로 도는 에너지가 우리를 건강하고 행복하게 만들어 준다고 생각한다. 특히 명상할 때, 사람들은 자기 주변에 밝고 따뜻한 빛이 오른쪽으로 돌고 있다고 상상하면 마음이 편안해지고 몸에 힘이 생긴다. 마치 따뜻한 이불을 덮고 있는 것처럼 포근하고 안전한 느낌이 든다.

 빙글빙글 돌아가는 우회전 에너지는 희망과 긍정을 뜻한다. 이 에너지는 우리 생활의 모든 부분에 영향을 준다. 이 특별한 에너지는 우리 몸을 건강하게 해주고, 우리가 창의적으로 생각할 수 있게 도와주고, 우리 마음을 더 깊고 풍부하게 만들어 준다. 우리가 하는 일을 잘 되게 해준다. 우리는 이 큰 우주의 작은 조각이다. 하지만 동시에 우리 안에는 이 멋진 우주의 에너지가 가득하다. 마치 우주 에너지를 담은 특별한 그릇처럼 말이다!

 다시 정리하면 이 오른쪽으로 도는 에너지는 마치 우주가 계속 변하고 자라는 것처럼 우리 안에 숨어있는 멋진 능력들을 깨워주고 우리가 계속 자라고 변할 수 있게 한다.

요가에서 봐도 우회전 에너지의 효용성이 나타난다. 요가는 우리 몸과 마음을 건강하게 만드는 오래된 운동이다. 요가에서는 우리 몸에 특별한 에너지 중심이 있다. 이걸 '차크라(산스크리트어로 '바퀴' 또는 '원형'을 의미한다. 이는 생명 에너지가 차크라를 중심으로 바퀴처럼 소용돌이치며 원형으로 모이기 때문이다. 차크라는 인체의 에너지 중심으로, 눈에 보이지 않지만 몸 안에 존재하는 에너지의 중심점이다. 차크라는 척추선을 기준으로 위치하며, 한의학적 관점에서 임맥과 독맥의 경락에 위치한다. 정수리와 척추를 따라 존재하는 7개가 명상과 신체 수련에서 중요시된다. 한의학에서는 인체에 360혈이 흐르고 인도 요가에는 차크라라고 하는 일곱 개의 큰 혈 자리들이 흐르고 있다.)'라고 부르는데 우리 몸에는 7개의 중요한 차크라가 있다.

이 차크라들이 건강하려면 시계방향, 즉 오른쪽으로 돌아야 한다. 마치 작은 팽이가 돌아가는 것처럼 말이다. 이 차크라들이 잘 돌아가면 우리 몸과 마음이 건강해지고 행복해진다.

요가에서는 또 '프라나(생명력 또는 우주 에너지를 의미하는 산스크리트어 개념이다. 이는 모든 생명체의 기초가 되는 에너지 흐름으로, 신체의 모든 움직임과 기능을 지배한다.)'라는 특별한 호흡법도 있다. 이 호흡법을 하면 우리 몸 안의 에너지가 오른쪽으로 흐르게 되는데, 이렇게 되면 우리 몸이 깨끗해지고 더 힘이 생긴다.

또한 요가에서 오른쪽으로 흐르는 에너지와 관련된 개념이 있는데 '핑갈라 나디'이다. 핑갈라 나디(요가에서 중요한 에너지 통로 중 하나)는 오른쪽 콧구멍과 연관되어 있으며, 태양 에너지를 상징하는데, 이 에너지 채널은 활력과 열을 생성하는 것이다.

이것은 오른쪽 콧구멍 호흡(수리야 베다나 프라나야마)을 통해 다음과 같은 효과를 얻을 수 있다. 활력 증진, 분석적이고 논리적인 사고력 향상, 신체의 오른쪽 운동 능력 향상, 게으름이나 무기력함 해소 등 이 호흡법은 체온을 높이고 에너지를 활성화하는 데 도움이 될 수 있다.

특히 이러한 에너지 길들은 오른쪽으로 흐르면서 우리를 더 밝고 창의적으로 만들어 준다. 마치 따뜻한 햇볕이 우리 몸을 비추는 것처럼 말이다! 이렇게 요가에서는 오른쪽으로 도는 에너지가 정말 중요하다. 이 에너지 덕분에 우리는 더 건강하고 행복해질 수 있다.

우리 몸을 치유하는 특별한 방법이 있다. 이걸 '에너지 치유법'이라고 한다. 이 방법에서는 우리 몸 주변에 있는 보이지 않는 에너지를 깨끗하게 만들고 강하게 한다. 치유하는 사람이 손을 시계방향, 즉 오른쪽으로 돌리면서 우리 몸 주변의 에너지를 움직인다. 이렇게 하면 우리 몸과 마음이 더 건강해진다. 마치 마법사가 지팡이를 돌리면서 우리를 건강하게 만드는 것 같다.

이렇게 오른쪽으로 도는 에너지는 세계 여러 나라의 문화와 종교에서 아주 중요하게 여기고 있다. 사람들은 이 에너지가 우주의 자연스러운 흐름과 잘 맞는다고 생각하는데, 이 에너지가 우리 몸과 마음 그리고 영혼을 더 좋게 만들어 준다.

기운을 누르다 음(陰), 좌회전 에너지

우리 주변에는 왼쪽으로 돌아가는 에너지가 있는데 '좌회전 에너지'이다. 물론 우회전 에너지의 상대되는 에너지다. 이 에너지는 때때로 우리를 조금 불편하게 만들 수 있다. 예를 들면 오랫동안 이 에너지 주변에 있으면, 우리는 걱정이 많아지거나 슬픈 기분이 들 수 있다. 때로는 마음이 혼란스러워질 수도 있다. 몸이 아프거나 피곤해질 수도 있다.

우리가 집이나 직장 학교에 있을 때, 이 좌회전 에너지가 많으면 우리 기분이 안 좋아질 수 있다.

동양철학의 음양 사상에서 보면 음은 어둠, 차가움, 수동성, 정적 등의 특성을 가진다. 왼쪽으로 회전하는 에너지는 음의 특성을 나타내며, 이 에너지는 휴식, 회복, 내면의 성찰을 촉진한다. 음의 에너지는 양의 에너지가 지나치게 강할 때 균형을 맞추고, 신체와 정신이 안정된 상태로 돌아오도록 돕기도 한다. 하지만 음이 강할 때는 부정적인 기류가 강하다.

좌회전 에너지는 우주의 깊은 신비와 인간 내면의 복잡한 에너지 흐름을 상징한다. 아주 흥미로운 개념이다. 좌회전 에너지는 다양한 영적 전통과 철학에서 살펴보면 음의 에너지, 즉 왼쪽으로 도는 에너지 수용적인 에너지이다. 또 정화, 안정, 보호 등 정화와 내면적 성찰과 관련된 에너지로 분류된다. 이는 단순한 물리적 회전을 넘어 인간의 정신적, 영적 차원을 아우르는 깊은 의미를 내포하고 있다. 음양 사상에서 시작된 이 개념은 좌회전을 음의 에너지, 즉 수동적이고 내면으로 향하는 힘이다.

좌회전파(시계 반대 방향으로 회전하는 에너지)는 종종 쇠퇴하는 기운과 연관 지어 정신적 불안정이나 스트레스와 연관된다. 사람들은 좌회전파에 장시간 노출되면 불안감, 우울증, 또는 감정적 혼란을 겪을 가능성이 높아진다. 특히 질병이나 쇠퇴와 관련이 깊다고 하며, 집이나 사무실 같은 공간에서도 좌회전 에너지가 있으면 사람들의 건강과 감정 상태에 악영향을 미칠 수 있다.

좌회전파는 나쁜 기운이나 부정적 진동과 연결되지만, 에너지 균형을 맞추기 위해 때로는 중요한 역할을 할 수도 있다. 우회전파(양성 에너지)와 좌회전파(음성 에너지)가 적절히 균형을 이룰 때, 조화로운 상태를 유지할 수 있다. 그러나 좌회전파가 과도하면 에너지가 소모되어 기운이 빠지는 상태가 지속될 수 있다. 그렇기에 좌회전 에너지가 강한 장소나 사람은 에너지를 정화하고 균형을 맞추기 위해 노력해야 한다.

　왼쪽으로 도는 좌회전 에너지는 주로 음의 에너지, 정화, 내면적 성찰, 보호와 관련된 중요한 개념이다. 왼쪽으로 도는 에너지는 우리를 깨끗하게 해주고, 우리를 보호해 주며, 우리 마음속을 들여다 보게 해준다. 음양 사상, 차크라 이론, 수피즘, 서양 오컬트 등 다양한 전통에서 좌회전 에너지는 부정적 에너지의 정화와 자기 보호를 위해 사용되고 있다. 이를 통해 신체적, 정신적, 영적 균형을 이루는 데 역할을 한다.

　인도의 차크라 시스템에서 보면 차크라의 좌회전이 중요한 의미를 가지는데 차크라가 왼쪽으로 돌 때, 이는 차크라의 기능이 저하되었거나 정화와 회복이 필요함을 나타낼 수 있다.

　차크라가 왼쪽으로 회전하는 것은 차크라가 제대로 작동하지 않거나, 에너지의 흐름이 저하된 상태이다. 차크라의 불균형이다. 이는 차크라가 활성화되거나 균형을 잡기 위해 정화와 에너지 회복이 필요함을 나타낸다. 좌회전 에너지는 차분한 상태에서 차크라의 자연스러운 흐름을 복구하는 데 도움이 되기도 한다.

다시 정리를 해보면, 좌회전파는 에너지를 소모하거나 감소시키는 것으로 죽은 기운이다. 이는 물리적, 정신적 피로를 가중시키고, 기운이 부족한 상태를 초래하며, 지속적으로 몸에 영향을 미칠 경우 생명력이 약화되고, 면역 체계도 약해질 수 있다.

양(陽)성 에너지와 좌회전파(음성 에너지)가 적절히 균형을 이룰 때, 조화로운 상태가 유지된다. 그러나 좌회전파가 과도하면 에너지가 소모되어 기운이 빠지는 상태가 지속될 수 있다.

그렇기에 좌회전 에너지가 강한 장소나 사람은 우회전 에너지를 정화해야 한다.

우리 일상의 모든 순간, 사소한 행동 하나까지도 우연이 아니다. 방금 내디딘 발걸음, 무심코 던진 말 한마디는 인류의 거대한 흐름과 연결되어 있다.

제6장

기(氣), 우리에게 끊임없이 말을 건다

기(氣), 우리에게 끊임없이 말을 건다

우리의 몸과 마음, 그리고 우주 만물을 꿈틀거리게 하는 보이지 않는 힘. 때로는 잔잔하게, 때로는 격렬하게 흐르면서 우리를 살아있게 만드는 그 신비로운 에너지 기(氣), 우리가 기를 이해한다는 것은 단순히 개념을 아는 것이 아니라 생명의 근원적 리듬을 느끼는 것과 같다. 그러니까 기라는 것은 지구, 자연, 산, 바다, 음식, 석유, 전기처럼 우리를 둘러싼 모든 것으로 기는 보이지 않지만 모든 것을 꿰뚫는 신비로운 에너지이다. 기는 자연과 인간, 우주를 연결하는 근본적인 생명의 힘이다. 마치 보이지 않는 실타래가 모든 존재를 엮듯, 기는 우리의 삶 깊숙이 스며들어 있다. 풍수지리에서 기는 땅의 숨결을 읽는 지혜이기도 하다.

기는 어느 한 지점에 자리 잡을 때, 그 장소의 기운을 느끼고 읽어 우리 몸 안에는 보이지 않는 강물이 흐르고 있다. 기라는 에너지다. 이 기는 경락(經絡, 인체 내의 기혈이 흐르는 통로와 거기서 흩어져 나온 통로인 경맥과 낙맥을 아울러 부르는 말로, 고대 중국 및 한의학에서 인체 내의 기혈의 여러 통로 및 다양한 작용점과 관련해서 이를 인식하기 위해 고안되어 왔다.)이라는 특별한 길을 따라 우리 몸 구석구석을 돌아다닌다. 마치 도시의 도로처럼, 경락은 기가 필요한 곳에 도달할 수 있게 해주는 통로이다.

기의 흐름이 원활할 때, 우리 몸은 건강을 유지할 수 있다. 하지만 이 흐름에 문제가 생기면, 마치 막힌 도로처럼 우리 몸에도 문제가 생길 수 있습니다. 그래서 동양 의학에서는 이 기의 흐름을 잘 관리하는 것이 건강의 비결이라고 말한다.

그런데 이 기는 우리 몸 안에만 있는 것이 아니다. 우리를 둘러싼 우주에도 거대한 에너지가 흐르고 있다. 이 우주 에너지와 우리 몸의 기는 서로 끊임없이 대화를 나누고 있다. 그리고 우리는 이 대화에 참여할 수 있다.

그럼 어떻게 할 수 있을까? 혹자들은 가장 쉬운 방법이 호흡이라고 한다. 깊고 천천히 숨을 쉴 때마다, 우리는 우주의 에너지를 우리 몸 안으로 초대하고 있는 것이다. 명상이라고도 한다. 명상을 할 때도 마찬가지다. 고요히 앉아 마음을 비울 때, 자연 속에서 시간을 보내는 것도 좋은 방법이고, 숲속을 걸을 때, 바다를 바라볼 때, 혹은 따뜻한 햇살을 받을 때, 우리는 우주와 기가 서린다고 한다. 맞다 우리는 자연스럽게 우주 에너지와 교감하고 있다. 바람, 물, 태양- 이 모든 것이 우리의 기 에너지에 영향을 미치고 있다.

기는 양기와 음기라는 두 가지 대조적인 에너지로 이해된다. 양기는 활력과 열정을, 음기는 고요함과 평화를 상징한다. 이 두 에너지가 완벽하게 조화를 이룰 때 진정한 건강과 균형이 찾아온다. 기가 없으면 죽는다. "기가 살았네", "기가 죽었네", "기똥차다." 우리가 자주 쓰고 들어본 얘기들이다. 소(牛)가 일어나지 못할 때 낙지를 먹이면 벌떡 일어난다고 한다. 이때 기운 차렸다고 하고, 기운이 솟았다고 한다.

  기는 우리 삶의 숨결이다. 생명의 근원이다. 우리는 일상에서 "기가 없다", "기가 살았다."와 같은 표현을 수없이 사용하지만, 그 깊은 의미를 얼마나 진심으로 이해하고 있을까?

  기는 양(陽)의 에너지로, 생명력 그 자체이다. 기는 생명력 그 자체이다. 마치 작은 불씨가 큰 불길로 타오르듯, 기는 우리 안에서 끊임없이 흐르고 변화한다. 감기에 걸렸다 나으면 "기운이 솟았다"고 표현하는 것처럼, 기는 생명의 역동적인 흐름을 상징한다. 동양 철학에서 기는 단순한 에너지가 아니라 우주의 근본적인 생명력이다.

  음양의 조화, 오행의 상호작용은 기의 놀라운 메커니즘을 보여준다. 나무, 불, 흙, 금속, 물의 다섯 요소는 마치 우주의 교향곡처럼 서로 어우러져 끊임없이 변화하고 생성된다. 우리 조상들은 이 기의 철학을 삶의 모든 영역에 적용하여 왔다. 정치에서 의학까지, 건축에서 예술까지 기의 흐름은 모든 곳에 스며들어 있다. 우리에게 기는 단순한 개념이 아니라 우주의 근본 생명력이다.

  옛날 동양과 서양의 현명한 사람들이 우리 주변에 있는 특별한 힘에 대해 동양에서는 이 특별한 힘을 '기'라고 불렀고, 서양에서는 '에테르'나 '생명력', '오르곤 에너지'라고 불렀다. 이름은 달랐지만, 사실 비슷한 걸 말하고 있었다. 바로 우리 몸과 우주에 있는 보이지 않는 생명의 힘이다.

  아리스토텔레스라는 유명한 철학자는 에테르를 우주의 다섯 번째로 중요한 물질이라고 생각했다. 빌헬름 라이히라는 사람은 모든 살아있는 것들 안에 우주의 에너지가 있다고 말했다. 이 사람들은 단순히 과학적인 생각을 하는 게 아니었다. 우리가 왜 살아있는지, 우리가 누구인지를 깊이 이해하려고 노력했다.

지금의 과학자들은 이런 생각들이 맞지 않는다고 하지만, 그래도 이렇게 생각했던 것 자체가 대단하다. 우리 인간들은 항상 보이지 않는 것을 이해하려고 노력해 왔기 때문이다.

메스머의 동물 자기론, 레이키 치유, 동양의 기 수련 같은 것들도 모두 이런 질문에서 시작되었다. '우리 주변에 보이지 않는 특별한 힘이 있지 않을까?'라는 생각 말이다.

한의학에서도 기운이 원활하게 흐르면 건강이, 막히면 질병이 찾아온다고 믿었다. 침술과 한약, 기공 등 모든 치유의 방식은 기의 흐름을 조절하고 균형을 맞추는 데 집중되어 있었다.

또 도교와 불교에서 기는 수행의 근본이었다. 호흡을 통해 내면의 기운을 다스리고, 마음의 평화를 얻는 것. 이는 단순한 종교적 실천을 넘어 우주와 하나 되는 길이었다. 시대가 흘러도 기의 개념은 그대로 살아있다.

현대 한국인들의 일상에서도 우리는 여전히 "기가 세다", "기가 죽었다."와 같은 표현을 사용한다. 이는 우리 조상들의 지혜가 여전히 우리 언어와 사고방식 속에 깊이 뿌리내리고 있음을 보여주고 있는 것이다.

기의 흐름은 마치 강물과 같다. 때로는 막히고, 때로는 자유롭게 흐른다. 우리의 감정, 육체, 정신은 이 보이지 않는 에너지의 리듬에 따라 변화한다. 기가 원활하게 순환할 때 우리는 건강하고, 막힐 때 우리는 아픔을 동반한다. 침술, 한약, 기공은 수천 년간 이 기의 흐름을 조절하고 회복시키는 지혜로운 방법이다. 이는 우주의 근본적인 에너지와 조화를 이루는 여정이다.

결론적으로, 기는 끊임없이 우리 주변에 서성이고 있다. 모든 존재는 연결되어 있으며, 보이지 않는 에너지의 흐름 속에서 살아간다고 말이다. 보이지 않지만 모든 것을 움직이는 이 신비로운 에너지는 여전히 우리의 호기심을 자극한다. 우리가 이 기운의 흐름을 이해한다면, 우주와 더욱 깊이 밀접하게 소통할 수 있을 것이다.

그 리듬에 귀 기울이고, 그 흐름을 존중할 때 우리는 진정한 조화를 경험할 수 있다.

더불어 내면의 균형을 유지하기 위해서 기 치유를 하는데, 기 치유는 동양 철학에서 유래한 생명 에너지 기를 활용하여 신체적, 정신적 건강을 회복하고 균형을 맞추는 대체 요법이다.

기는 모든 생명체에 흐르는 에너지로, 이 에너지의 흐름을 조절하여 건강을 유지하고 질병을 치유하는 것이 기 치유의 핵심이다. 기 치유는 주로 한의학, 기공, 레이키[빛. 근원의 빛이 손을 통해 나가는 것을 레이키라고 한다. 근원의 빛(의식)은 하나가 아니며, 무수히 많은 빛이 있다.] 등에서 사용되며, 에너지의 흐름을 개선함으로써 자연치유력을 높이고 신체적, 정신적 균형을 유지하는 방법 기 치유는 한국의 고대 의학에서 중요한 역할을 했으며, 이는 한의학과 밀접한 연관이 있다.

기는 인체의 에너지 흐름을 뜻하며, 기가 원활하게 흐를 때 건강이 유지되고, 기의 흐름에 문제가 생기면 질병이 발생한다고 보았다.

기의 흐름을 바로잡는다면 건강이 회복된다고 믿었다. 기 치유는 다양한 형태로 전개된다. 각 방법은 기를 다루는 방식이 다르며, 신체적, 정신적 치유를 목표로 한다.

기 치유는 옛날부터 여러 가지 방법이 있는데 침술과 뜸이 있다. 우리 몸의 특별한 점들을 자극해서 기가 잘 흐르게 하는 것이다. 그리고 기공이란 게 있다. 이 기공은 천천히 움직이면서 깊게 숨을 쉬어 우리 몸 안의 기를 강하게 만든다. 이 방법들은 우리 몸이 스스로 병을 이겨낼 수 있는 힘을 키워주고 우리 마음도 편안하게 만들어 준다. 기를 보충하고, 신체의 기운을 강화하는 데 역점을 둔다.

기공은 호흡, 움직임, 명상 등을 통해 신체의 기를 조절하고 강화하는 수련법이다. 기공은 신체 내부에서 기가 원활하게 순환하도록 돕고, 에너지를 충전하며 내면의 균형을 유지하는 데 중점을 둔다. 기는 우리 몸 안에 잘 흐르면 우리는 건강해지고, 잘 흐르지 않으면 아프게 될 수 있다. 기 치유는 우리가 자연의 일부가 되는 것처럼 우리 몸과 자연이 잘 어울리게 도와준다.

이러한 기 치유 중에는 일본에서 유래한 에너지 치유법이란 것도 있다. 레이키(Reiki)다. 이것은 우주의 생명 에너지를 신체에 전달하여 치유를 돕는다. 레이키 치유사는 손을 통해 기를 전달하여 환자의 에너지 흐름을 조절하고, 스트레스 완화, 심리적 안정, 신체적 치유를 촉진한다.

또한 '마음 챙김'이라는 것이 있다. 이건 우리 마음을 편안하게 만들어 주는 아주 좋은 방법이다. 마음 챙김은 지금 이 순간에 집중하는 것이다. 우리 마음을 조용하고 평화롭게 만들어 준다. 걱정이나 스트레스를 줄여주며 마음을 편안하게 하면, 우리 몸 안의 '기'도 잘 흐르게 된다.

기는 다양한 방법을 통해 흐름을 조절할 수 있다. 예를 들어, 침술, 기공, 레이키, 명상과 같은 방법들이 있다. 이 방법들은 모두 우리 몸 안의 기의 흐름을 조절해서 스트레스를 완화하고, 통증을 관리하고, 면역력을 강화하고, 정신적 안정을 얻게 해준다. 이렇게 하면 우리 몸이 건강해진다. 마음이 편안해진다. 스트레스가 줄어들고, 아픈 곳이 나아질 수 있다. 병에 안 걸리는 힘이 세진다. 보이지 않는 에너지를 찾아서 때때로 인간은 보이지 않는 것들에 대해 더 깊은 호기심을 느낀다. 그중에서도 '기'는 우주의 가장 근본적인 에너지를 설명하는 놀라운 개념이다. 기는 단순한 물리적 힘이 아니다. 그것은 생명 그 자체를 움직이는 근원적인 에너지요, 마치 보이지 않는 실처럼 우리의 몸, 자연, 우주 전체를 연결하고 있다. 정말 신비로운 힘이다.

　우리 눈에는 보이지 않지만, 기는 항상 우리 주변에 있다. 우리가 숨을 쉴 때, 나무가 자랄 때, 별이 빛날 때, 모두 이 기가 움직이고 있다.

과학의 법칙을 거스르는 어떤 힘, 피라미드

'피라미드' 하면 대다수 사람은 그 피라미드가 뿜는 에너지에 대한 신기한 이야기에 매료되어 있다. 음식이 안 상한다거나, 잠을 잘 잔다거나, 병이 낫는다는 말들이 있다. 하지만 대부분 사람들은 그냥 '그런가 보다.' 하고 넘어간다. 직접 체험해 보거나 자세히 알아보려고 하지 않는다.

실제 필자가 접해본 피라미드와 관련 있는 분들은 놀라운 얘기들을 전해준다. "피라미드에는 과학의 법칙을 거스르는 어떤 힘이 작용하고 있다"는 것이다. 이 말은 피라미드의 신비롭고 상징적인 모습을 더욱 증폭시키고 남는다. 피라미드 에너지가 삶의 다양한 측면에 미치는 영향을 나타내는 데에서 나온 말이다.

피라미드 에너지는 오랫동안 연구되어 왔다. 특히 이집트의 쿠푸왕 피라미드는 세계 7대 불가사의 중 하나로 유명하다. 이 피라미드는 석회암으로 만들어졌고, 옛날 사람들의 뛰어난 기술을 보여준다.

필자가 직접 이집트에 가서 피라미드를 본 적이 있다. 정말 크고 대단하다. 쿠푸왕의 피라미드는 엄청 무거운 돌 130만 개로 만들어졌다. 바닥은 축구장보다 더 넓다. 피라미드 옆면은 모두 같은 각도로 기울어져 있다. 원래는 더 높았지만, 오랜 시간이 지나면서 조금 낮아졌다고 한다.

피라미드 에너지는 신기하고 특별해 보이지만, 아직 정확히 알려지지 않은 게 많다.

피라미드는 오랜 시간 동안 많은 사람의 관심을 받아왔다. 특히 이집트의 쿠푸왕 피라미드는 세계 7대 불가사의 중 하나로, 아주 오래전 사람들의 뛰어난 기술을 보여주는 멋진 건물이다.

쿠푸왕의 피라미드는 정말 크고 대단한데, 230만 개가 넘는 돌로 만들어졌고, 이 돌들은 하나하나가 자동차만큼 무겁다. 피라미드의 밑면은 축구장보다 더 넓고, 높이는 40층 빌딩보다 더 높았다. 지금은 조금 낮아졌지만 여전히 엄청 높다.

피라미드를 만들 때는 돌을 아주 정확하게 쌓았다. 네 면이 모두 같은 각도로 기울어져 있고, 정확히 동서남북을 향하고 있다. 처음에는 피라미드 겉면이 반짝이는 하얀 돌로 덮여있었다고 한다. 하지만 오랜 시간이 지나면서 그 돌들이 없어져서 지금은 계단처럼 보인다. 피라미드 안에는 비밀 통로와 방들이 있다. 왕의 방, 왕비의 방, 그리고 큰 복도도 있는데 이 방들은 아주 정교하게 만들어져 있어서, 지금 봐도 놀랍다.

쿠푸왕의 피라미드는 4,500년도 더 된, 아주 오래된 무덤이다. 그런데도 아직도 그대로 서있는 것을 보면 옛날 사람들이 얼마나 똑똑하고 열심히 일했는지 알 수 있다.

피라미드는 역사적인 측면에서도 신비롭지만 다양한 측면에서도 연구와 실험의 대상이 되었다. 스웨덴 과학자 칼 베네딕스(Carl Benedicks) 박사는 피라미드가 피라미드 내부에서 공명 또는 주파수를 생성하여 명상하는 사람들의 세타파(주파수 범위: 4~8Hz로, 세타파는 주로 졸음 상태나 깊은 이완 상태에서 나타난다. 잠에 빠져들거나 창의적인 사고를 할 때 활성화된다.) 및 알파(주파수 범위: 8~13Hz로, 알파파는 편안하고 안정된 상태에서 발생하며, 눈을 감았을 때 후두엽에서 강하게 나타난다.) 뇌파를 증가시킬 수 있음을 발견했다. 이러한 주파수는 마이크로파 범위에 있는 것으로 밝혀졌으며, 신호 강도 증가 및 피라미드 내에 배치된 물체의 보존 개선과 관련이 있었다.

Bill Kerell과 같은 연구자들이 수행한 실험에서는 피라미드가 살아있는 유기체에 놀라운 영향을 미치는 것으로 나타났다. 피라미드 아래에 놓인 브라인 슈림프은 일반적인 환경에 있는 새우보다 더 오래 살고 더 크게 자랐다. 또한 피라미드 구조 아래에 있는 환자들은 통증이 감소하고 상처 치유 속도가 빨라졌다.

고대 이집트 무덤의 증거는 피라미드의 신비로운 특성을 더욱 뒷받침한다. 이 무덤에서 발견된 잘 보존된 곡물과 식품은 피라미드 내에서 유기물이 예상대로 분해되지 않는다는 독특한 특성을 가지고 있다. 프랑스의 방사선학자 Jean Martial과 전자 엔지니어 Karl Drbal은 면도날을 건조시키고 다양한 재료로 만든 작은 모델을 보존하는 것을 포함하여 피라미드의 유기물 보존 능력을 보여주는 실험을 수행했다.

피라미드의 특별한 힘은 음이온에서 비롯된다. 음이온은 숲속 폭포 주변에서 마시는 상쾌한 공기처럼 우리 몸에 좋은 에너지를 전해준다. 특히 구리나 금으로 만든 피라미드는 이 음이온을 너 많이 만들어 내는데 특수 능력처럼 말이다!

피라미드 안에서 자면 잠이 푹 오고 스트레스가 사라진다. 피라미드 속에 하룻밤 둔 물을 마시면 기분이 말끔해지고, 머리 아픈 친구들은 통증이 줄어들기도 한다. 과학자들은 이 현상을 연구했는데, 피라미드 안에서 뇌파가 안정되어 집중력이 높아진다는 걸 발견했다. 놀랍게도 피라미드는 식물과 동물에도 영향을 미친다. 피라미드 이래에 둔 새우는 더 크게 자라고, 환자들은 상처가 빨리 아문다. 고대 이집트 피라미드에서는 2,000년 전 곡식이 썩지 않고 보존된 걸 보면 마치 시간이 멈춘 듯 신기하기도 하다.

피라미드에서 나오는 원적외선 빛은 혈액 순환을 돕고 몸을 따뜻하게 해준다. 피라미드 안에 우유를 두면 요구르트로 변하고, 과일은 말라 건과일이 되는 신기한 현상도 있다.

피라미드 아래의 뇌파에 대한 Patrick Flanagan의 연구에서는 더 강한 알파파와 더 깊은 명상을 포함한 몇 가지 흥미로운 효과가 밝혀졌다.

놀랍게도 피라미드는 우리 몸에도 좋은 영향을 주는데 상처가 빨리 아물고, 치통이나 두통도 줄어든다. 마치 피라미드가 작은 병원 같다!

"이제 세계에 대한 면도날을 날카롭게 만드는 효과와 함께 피라미드의 힘이 대중의 눈에 들어왔습니다. 누구든지 대 피라미드 비율의 피라미드 모델을 사용하여 실험을 재현할 수 있습니다. 코팅이 되어있지 않은 외날 칼날이 더 좋습니다. 무딘 칼날을 사용하거나 칫솔로 무딘 상태로 만든 후 일주일간 피라미드에 놓아두세요."

면도날을 피라미드 안에 두면 더 오래 날카롭게 유지된다는, Greg Nielsen의 책이 출판되면서 '피라미드 파워'가 대중화되었다. 무딘 면도날을 피라미드 안에 일주일 동안 두면 다시 날카로워진다. 마치 피라미드가 마법의 숫돌 역할을 하는 것 같다!

Karel Drbal은 피라미드 내부에 둔 둔한 면도날이 다시 날카로움을 되찾는다는 사실을 발견하고 피라미드의 에너지 파동이 금속 분자를 원래 형태로 되돌린다고 믿고 Cheops Pyramid Razor Blade Sharpener에 대한 특허를 받았다. 면도칼 재생 피라미드 특허였다.

피라미드의 신비한 힘은 과학자들뿐만 아니라 일반 사람들의 관심도 끌었다. 집에서도 작은 피라미드 모형을 만들어 실험해 볼 수 있게 된 것이다.

Patrick Flanagan의 연구는 피라미드가 식물, 물, 동물 및 사람에게 미치는 영향을 조사했다. 그는 피라미드가 음식을 보존하고, 더 오랫동안 신선하게 유지하며, 맛을 향상시키는 데 도움이 될 수 있다고 믿었다. 과일은 탈수를 통해 무기한 보존된다.

The Great Pyramid Company는 피라미드가 어떻게 파괴적인 에너지를 편향시키고 긍정적인 에너지를 강화함으로써 자연적인 부패를 억제하는지 설명한다. 피라미드로 가득 찬 물은 소화를 돕고, 상처 치유를 촉진하며, 오염된 물을 며칠 내에 정화한다.

피라미드는 또한 크리스탈과 보석에 긍정적인 영향을 주어 정화하고 강화시킨다. 금과 은의 변색은 피라미드 처리수로 빠르게 제거할 수 있다.

필자가 만난 사람 중에 강원도 홍천에서 글램핑장을 피라미드로 짓고 영업하시는 사장님이 있는데, 그분은 7번이나 지상파 티비에 나왔었다고 한다. 나무에서 떨어진 후 허리를 다쳤는데 피라미드를 짓고 살다 보니 나았다는 것이다. 아나운서가 어떻게 나았느냐 하니까 피라미드 집을 짓고 살다 보니 개운해졌다고 말했다고 한다. 많은 사람이 피라미드 내부에서 시간을 보낸 후 활력이 넘치고, 감각적 지각이 예리해지는 것을 경험했다고 이구동성으로 하는 것은 그만한 매력이 있기 때문이다. 또 만난 울산의 노 교수님은 아침에 자고 일어나도 개운하고 정신이 맑다고 한다.

『피라미드의 비밀스러운 힘』에서 Bill Schul과 Ed Pettit는 피라미드의 치유 특성에 대해 논의하면서 염좌, 베인 상처, 타박상, 치통 및 감염과 같은 다양한 질병의 경우 빠른 치유를 보았다고 한다. 피라미드 안에 앉아있는 사람들은 때때로 푸른 빛을 보았다고 보고하는데, 연구에 따르면 냉각 및 치유 효과가 있는 것으로 나타났다고 썼다.

결론을 말하면, 피라미드 에너지는 물의 화학적 특성을 변경하여 맛과 품질을 향상시킬 수 있다. 고기, 계란 및 기타 식품의 사전 탈수 피라미드 에너지는 건조과정을 가속화하여 식품을 보존한다. 피라미드 에너지는 미생물 성장을 억제하여 우유를 더 오랫동안 신선하게 유지한다. 색상이나 모양의 손실 없이 꽃을 건조시킨다. 피라미드 에너지는 꽃을 손상시키지 않고 건조 과정을 가속화한다. 피라미드 에너지는 건강한 식물 성장을 촉진한다. 피라미드 에너지는 물의 수소 결합을 변경하여 커피, 와인 및 과일 주스의 맛을 향상시킨다. 피라미드 에너지는 상처, 타박상, 화상의 빠른 치유, 치통 및 두통 완화한다. 이러한 다양한 효과는 피라미드 에너지의 다양한 이점과 일상생활에서의 잠재적 응용을 강조한다.

필자는 자주 프랑스에 사는 알랭드 반담과 교류를 했다. 물론 구매와 연관이 있어서다. 그는 피라미드를 작게 침대용이나 식탁용으로 제작하여 세계를 무대로 팔고 있는 유튜버다. 정식 직업은 피라미드를 크게 지어놓고 피라미드 안에서 작물을 재배하는 농부이기도 하다.

저자가 경기도 시흥에 피라미드 대형 골조를 세워놓고 작물을 키우고 있는 장면

필자도 덩달아 피라미드에 매료되어 시흥시에 소재한 밭에 높이 12미터의 커다란 골조 피라미드를 2동이나 지어놓았다. 두 번씩이나 피라미드 방향을 수정하였는데, 피라미드가 잘 작동하려면 자북(磁北, 북반구에서 지구 자기의 복각伏角이 90도인 지점. 자침이 가리키는 북

쪽 끝을 이르며, 매년 약간씩 이동하지만 대개 캐나다 북부의 프린스오브웨일스 섬, 곧 북위 73도, 서경 100도의 지점이 이에 해당한다. 지리적 북극과 어느 정도 떨어져 있다.)을 정렬해야 한다. 정렬이 어긋나면 에너지가 매우 약하므로 최대한 잘 정렬해야 한다고 해서였다. 필자 딴에는 제대로 반담처럼 피라미드 농법을 해보고 싶었던 것이다. 피라미드 옆에는 지켜주는 스핑크스가 있어야 된다고 생각하고 대형 스핑크스도 갖다놓았다. 구색을 갖춘 것이다. 에너지 기운을 모은 것이다. 고맙게도 반담이 해바라기 씨와 상추 씨를 보내왔다. 물론 기후가 맞아서인지 크게 무성하게 잘 자랐다.

피라미드 안에서는 잠을 자면 피곤해도 잠도 잘 오고, 오래 놓아둔 야채나 과일도 썩지 않고, 아픈 것도 치유된다고 하는데 그렇다면 뭔가 달라도 달라야 되는 게 정석이다. 그렇게 생각한 필자는 피라미드 에너지를 직접 확인하기 위해 측정자 엘로드를 가지고 측량해 보기로 했다. 그런데 피라미드 밖에서 재면 동서남북 또 세세한 방향 따라 그 퍼센트 벌어지는 게 다르게 나타나는 데 반해 피라미드 안으로 들어가서 재면 어느 방향에서 재든 다 똑같이 엘로드가 쫘아악 밖으로 벌어졌다. 피라미드의 신비로움을 이구동성으로 떠드는 데 역시 맞긴 맞는 기운이라는 것을 느꼈다. 바로 우회전 에너지가 매우 상승하고 있다는 것이다.

양자 파동장에 불균형이 생기면 막힌 부위의 혈액 순환이 원활하지 않고, 혈액 순환이 원활하지 못하면 백혈구와 항체가 부족해지고 면역력이 감소하여 세균이 침입한다.

제7장

우리 눈에 보이지 않는 아주 작은 것들의 세계, 양자장 에너지

● ● ●
우리 눈에 보이지 않는 아주 작은 것들의 세계, 양자장 에너지

양자장 에너지 양자역학은 아리송하다. 난해해서 이해하기가 쉽지 않다. 천재 과학자 리처드 파인만도 "양자역학을 이해하는 사람은 아무도 없다."라고 말할 정도다. 양자역학은 정말 누구나 이해하기 어려운 과학이다. 아주 똑똑한 과학자들도 완전히 이해하지 못할 정도로 복잡하다.

그럼 양자장이란 무엇인지부터 살펴보겠다. 그래야 현재 처한 우리의 처지를 수용하고 돌파할 가능성의 장에 접근할 수 있기 때문이다.

양자장 이론은 근 100년 전 등장한 이래로 지속적으로 발전해 왔으며, 현재 우리는 첨단과학의 세계에서 다양한 기술과 혁신을 경험하고 있다. 시간이 지나면서 서서히 우리의 생활에 스며들어 왔다.

양자장은 우리 주변의 모든 것, 그러니까 우리가 보는 모든 물건, 심지어 우리 몸도 작은 입자들로 이루어져 있다. 양자장 이론에서는 이 입자들을 조금 다르게 생각하는데, 양자장은 마치 큰 물웅덩이 같다. 입자들은 이 물웅덩이에 생기는 작은 파동이다. 우리가 보는 모든 것은 이 특별한 물웅덩이에서 일어나는 파동이라고 생각하면 된다.

양자역학은 20세기 초에 과학자들이 발견한 새로운 이론이다. 빛이 파동(에너지)의 성질과 입자(물질)의 성질을 모두 가졌다는 새로운 이론이 제시되어 이를 양자역학(量子力學)이라 불렀다.

양자는 동시에 여러 상태로 존재하고 있다. 양자가 동시에 여러 상태로 존재한다는 뜻은 양자 중첩(Quantum)으로, 이는 양자가 특정 상태로 고정되지 않고, 관측되기 전까지 여러 상태를 동시에 가질 수 있다는 것을 의미한다.

예를 들어, 고전물리학에서는 동전이 앞면 또는 뒷면 중 하나의 상태로 결정되지만, 양자역학에서는 동전이 앞면인 동시에 뒷면인 상태로 존재할 수 있다. 관측이 이루어지는 순간, 이 중첩 상태는 붕괴하여 하나의 확정된 값으로 나타난다. 양자 중첩은 양자컴퓨터와 같은 기술에서 활용되며, 이를 통해 기존 컴퓨터보다 훨씬 더 많은 병렬 연산을 수행할 수 있다. 이는 큐비트가 0과 1의 상태를 동시에 가질 수 있기 때문이다.

양자역학의 가장 큰 특징은 '작은 세계'에서 일어나는 신기한 일들이다. 우리가 일상에서 보는 큰 물건들과는 다르게, 원자나 입자 같은 아주 작은 것들은 특별한 행동을 한다. 양자역학은 우리 눈에 보이지 않는 아주 작은 것들을 연구하는 과학이다. 이 작은 것들을 '원자'와 '입자'라고 부른다.

일상 세계에서는 책상이 항상 서재에 있고, 물건들이 우리가 보는 대로 움직이지만, 양자 세계에서는 원자와 입자들이 마법처럼 여러 곳에 동시에 있을 수 있다. 더 신기한 건, 우리가 이 작은 것들을 관찰할 때만 그들의 위치가 정해진다는 것이다. 이렇게 여러 가능성이 동시에 존재한다.

또한 양자역학에는 '불확정성 원리'라는 재미있는 규칙이 있다. 불확정성 원리는 아주 작은 것들의 위치와 속도를 동시에 정확히 알 수 없다. 원을 돌고 있는 전자는 궤도를 도는 게 아니라 특정 영역에서 회전한다. 확실한 것은 없다. 예를 들어보면, 우리가 공을 던지면 공이 어디로 가는지, 얼마나 빠른지 쉽게 알 수 있다. 하지만 원자처럼 아주 작은 것들은 다르다. 이들의 위치와 속도를 동시에 정확히 알 수 없다. 이건 마치 특별한 숨바꼭질 게임 같다. 숨은 친구가 너무 작고 빨리 움직여서 찾기가 정말 어렵다. 친구의 위치를 알면 속도를 모르고, 속도를 알면 위치를 모르는 것이다. 이렇게 양자역학은 우리가 보통 생각하는 것과는 다른, 신기한 규칙들이 있는 세계를 보여준다. 우리가 상상하지 못했던 일들이 일어나고 있다. 헷갈린다.

양자역학에 대하여 가장 명확하게 설명한 실험이 있다. 슈뢰딩거의 고양이 실험인데, 이것은 현실의 경계를 탐험한다. 1935년 오스트리아의 물리학자 에르빈 슈뢰딩거가 제안한 이 사고 실험은, 90년이 지난 지금까지도 과학계와 철학계를 뜨겁게 달구고 있다.

"어느 고요한 오후, 나는 이 실험에 대해 깊이 생각해 보게 되었다. 밀폐된 상자 안의 고양이, 방사성 물질, 그리고 독극물. 이 단순한 설정이 우리의 현실 인식에 얼마나 큰 충격을 주는지 새삼 놀라웠다. 상자를 열기 전까지 고양이는 살아있으면서 동시에 죽어있다니, 이 얼마나 역설적인가?"

이건 재미있는 생각 실험이다. 이해를 돕기 위해 설명하면 이렇다. 상자 안에 고양이를 넣는다. 상자 안에는 위험한 장치가 있다. 방사성 물질이라고 하자. 이 장치는 50%의 확률로 작동할 수 있다. 만약 장치가 작동하면 고양이는 죽고, 작동하지 않으면 고양이는 살아있다. 하지만 우리는 상자를 열기 전까지 고양이가 살아있는지 죽었는지 알 수 없다. 이게 무슨 뜻일까? 상자를 열기 전까지 고양이는 살아있으면서 동시에 죽어있다고 생각할 수 있다.

이해하기 어렵다면, 공중 화장실을 생각해 보자. 화장실 문이 닫혀있다. 안에 들어가기 전까지는 변기가 깨끗한지 더러운지 모른다. 문을 열기 전까지는 깨끗하면서 동시에 더러운 상태이다. 문을 열면 그제야 하나의 상태로 결정된다. 이처럼 슈뢰딩거의 고양이 실험은 우리가 관찰하기 전까지 여러 가능성이 동시에 존재할 수 있다는 걸 보여주는 재미있는 생각 실험이다.

이 고양이의 운명을 생각하다 보면, 우리가 당연하게 여기는 현실의 본질에 대해 의문이 생긴다. 우리가 보고 듣고 느끼는 이 세계는 과연 절대적인 것일까? 아니면 우리의 관측에 의해 비로소 존재하게 되는 것일까?

양자역학은 미시 세계의 입자들이 여러 상태를 동시에 가질 수 있다고 말한다. 하지만 우리의 일상에서 고양이가 동시에 살아있고 죽어있는 모습을 본 사람은 없다. 이 괴리감은 미시 세계와 거시 세계 사이의 경계에 대한 깊은 고민을 불러일으킨다.

특히 흥미로운 것은 '관측'의 역할이다. 상자를 열어 고양이를 관찰하는 순간, 중첩된 상태는 하나의 확정된 상태로 붕괴한다고 한다. 이는 마치 우리의 의식이 현실을 창조하는 것 같은 착각을 불러일으킨다. 현실은 과연 우리의 관측 이전에 존재하는 것일까, 아니면 우리의 관측이 현실을 만들어내는 것일까?

이러한 질문들은 과학의 영역을 넘어 철학의 영역으로 우리를 인도한다. 현실의 본질, 의식의 역할, 존재의 의미 등 깊이 있는 사유를 요구하는 주제들이다. 슈뢰딩거의 고양이는 단순한 과학적 개념을 넘어, 우리의 세계관 전체를 뒤흔드는 강력한 상징이 되었다.

양자장과 슈뢰딩거의 고양이는 우리 주변의 세계가 얼마나 신기하고 복잡한지 보여주는, 어렵지만 재미있는 좋은 예시이다. 오늘날 많은 물리학자들은 이 실험을 양자역학의 본질을 잘 설명한 것으로 받아들인다. 그러나 동시에 이는 우리가 아직 완전히 이해하지 못한 자연의 신비를 보여주는 것이기도 하다.

슈뢰딩거의 고양이 실험을 생각할 때마다, 필자는 우리가 살아가는 이 세계가 얼마나 경이롭고 신비한지를 새삼 깨닫게 된다. 앞으로도 이 상상 속의 고양이는 우리의 호기심을 자극하고, 현실의 본질에 대해 끊임없이 탐구를 이끌어갈 것이다. 그리고 그 과정에서 우리는 자연과 존재에 대한 더 깊은 이해에 한걸음 더 다가갈 수 있을 것이다.

 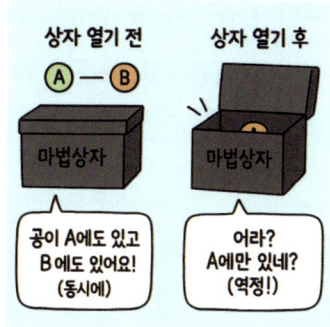

　이렇게 이해하고 보면 양자역학은 '얽힘'이라는 신기한 현상을 가지고 있다. 얽힘이란 한 입자에 무슨 일이 생기면 다른 입자도 바로 알아차린다. 이렇게 양자역학은 우리가 상상하기 어려운, 정말 신기한 일들을 보여준다. 작은 세계에서는 우리가 생각지도 못한 일들이 일어나고 있다!

　양자역학은 우리 눈에 보이지 않는 아주 작은 세계를 연구하는 과학이다. 이 세계는 우리가 사는 세상과는 조금 다른 규칙을 가지고 있다. 이 과학 덕분에 우리의 삶에 큰 변화를 가져왔다. 컴퓨터, 스마트폰, 레이저, LED와 같은 작고 똑똑한 전자기기들은 모두 양자역학 덕분에 만들 수 있게 되었다.

　만약 양자역학이 없었다면, 우리는 지금처럼 작고 강력한 성능의 전자기기를 만들 수 없었을 것이다. 양자역학 덕분에 우리 생활이 많이 편리해졌다.

　신체 치유에 있어서 양자물리학은 우리 인체를 이해하고 치유하는 새로운 패러다임이다. 양자장은 생명 에너지장으로 신체의 치유와 자연치유력 사이를 조절하는 힘이다. 때문에 동양의학에서 인체의 에너지 균형이 깨지거나 막혀서 에너지의 흐름이 원활하지 못하면 질병이 생긴다고 하듯이 파동의학에서도 양자 에너지장의 혼란을 질병의 원인으로 보았다.

이와 같은 원리로 양자 파동장은 자연치유력을 향상해 인체의 균형을 맞추어 건강을 유지한다. 그런데 양자 파동장에 불균형이 생기면 막힌 부위의 혈액 순환이 원활하지 않고, 혈액 순환이 원활하지 못하면 백혈구와 항체가 부족해지고 면역력이 감소하여 세균이 침입한다. 양자 파동장에 교란이 생기면 항상성에 이상이 생겨 질병이 발생할 수 있다. 양자 파동장은 인체의 생명 에너지장이 우리 몸의 치유와 자연치유력 사이를 조절하고 통제하는 힘으로 양자 파동장의 균형이 깨지는 것이 질병이다는 것이다.

이제는 현대의학의 한계를 넘어 육체와 마음의 모든 차원에서 양자 파동장 차원에서의 질병의 원인을 진단하고 치유하며, 마음 차원에서의 질병의 원인 진단 및 치유를 모두 포함한다. 양자역학은 양자 에너지에 존재하는 얽힘, 동시성, 공명, 감정 등 우리 인체를 이해하고 치유하는 새로운 패러다임이다.

양자역학은 우리 몸의 아주 작은 부분까지 볼 수 있게 한다. 우리가 눈으로 볼 수 없는 아주 작은 세계를 이해하는 데 도움을 준다. 몸과 마음이 어떻게 연결되어 있는지 이해할 수 있다. 새로운 방법으로 병을 찾고 치유할 수 있다.

이처럼 양자역학은 현대 과학과 기술의 발전에 없어서는 안 될 중요한 역할을 하고 있다. 양자역학 덕분에 우리 생활이 더 좋아지고 있다. 더 좋은 컴퓨터를 만들 수 있고, 안전한 통신 방법을 개발할 수 있다. 의사 선생님들이 병을 더 잘 찾을 수 있다. 100년 전 옛날 과학자들이 발견한 이론들이 지금 우리 생활을 더 좋게 만들고 있다. 과거의 이론들이 오늘날의 혁신을 가능하게 했다는 사실이다.

이런 측면에서 필자가 주창하고 슬로건을 내걸고 있는 에너지 '우주 백신'은 이 양자장의 여러 신비한 파동에서 분석되는 것으로 정립된다. 앞에서 언급했거나 앞으로 언급할 양자장의 특징으로 가지고 있는 동시성, 얽힘, 감정, 이중슬립, 공명의 이론이 부합된다는 것이다.

따라서 우주 에너지 백신은 그 정당성을 확보하고도 남는다. 그저 아직 밝히지 못한, 알려지지 않은 96%에 속하는 암흑 에너지의 일종이라고만 하기보다 뚜렷한 이론이 확보된 것이다.

사실 아직도 양자장 에너지는 잘 이해가 되거나 온전히 정리된 에너지는 아니다. 그러나 이 양자장의 세계는 앞으로 큰 영향을 줄 것이라는데, 올해 유엔이 양자 에너지의 해로 정한 것을 보더라도 그 중요성이 있다. 100년 전인 당시도 양자장 에너지의 대두로 1927년 벨기에 브뤼셀에서 열린 제5차 솔베이 회의가 열리기도 했다.

'전자와 광자'를 주제로 한 이 회의에는 알베르트 아인슈타인, 닐스 보어, 베르너 하이젠베르크, 에르빈 슈뢰딩거, 마리 퀴리 등 당대 최고의 물리학자들이 참석했다. 이들은 양자역학과 고전물리학 사이의 갈등을 해결하고자 모였으며, 특히 불학적성 원리, 양자역학의 철학적 해석, 양자 얽힘과 국소성 문제 등을 놓고 열띤 논쟁을 벌였다.

아인슈타인은 "신은 주사위를 던지지 않는다"며 양자역학의 확률적 해석에 반대했고, 보어는 이에 "신에게 명령하지 말라"고 맞섰다. 이 회의는 결과적으로 양자역학이 새로운 물리학 패러다임으로 자리 잡는 데 기여했다. 아인슈타인의 비판은 오히려 양자역학 연구를 더욱 심화시키는 계기가 되었다. 29명의 참가자 중 17명이 노벨상 수상자였다는 사실은 이 회의의 중요성을 잘 보여주며, 이후 물리학 발전에 지대한 영향을 미치게 되었을 정도이다.

양자 역학 솔베이트 5차 회의 (아인슈타인과 에르반 쉬르딩거 등 전세계 과학자들)

양자역학에는 동시성이란 것도 있다. 먹을 것이 하나도 없어 망연히 있는데 누군가 도시락을 가져다주었다든가 교회를 건축하는데 건축비가 없어 쩔쩔매고 있는데 갑자기 모르는 사람이 누군가의 안타까운 말을 스쳐 듣고 건축비를 가지고 온다. 이렇듯 불가능해 보였던 기회들이 나타나기 시작하면서 새로운 가능성을 가져다주는 사람이 우연히 나타난다. 필요한 자원이 물질화된다. 이는 뇌에서 해당 주파수에 따른 정보들이 인지할 수 있는 형태로 들어오는 것으로, 이것이 입상 속에서 물리적 양자가 실현되는 모습이다.

이런 동시성의 경험은 우리 삶에 더 깊은 의미를 부여해 준다. 우리의 생각과 감정이 중요한데 우리가 어떤 생각을 하고 어떤 감정을 가지느냐에 따라 우리 주변의 경험이 달라질 수 있다.

우리는 혼자 존재하는 게 아니라 우주의 큰 그림 속에서 모든 것과 연결되어 있다. 때로는 이성적인 판단보다 우리의 직감이 더 중요한 메시지를 전달할 수 있다. 우리 앞에 나타나는 기회나 상황들이 우연이 아닐 수 있다. 이런 흐름을 따라가 보면 새로운 경험을 할 수 있다.

우리는 종종 세상이 단순하고 명확하다고 생각한다. 하지만 이중 슬릿 실험은 이러한 우리의 인식에 도전장을 던진다. 이 실험은 단순한 과학적 호기심에서 시작되었지만, 결국 우리의 현실 인식을 근본적으로 뒤흔들어 놓았다는 것이다. 이 실험은 빛이 입자처럼 똑바로 가는 게 아니라 파도처럼 퍼져 나가는 성질도 있다는 걸 보여준다.

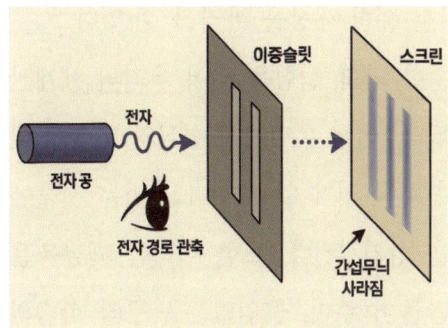

처음 이중슬릿 실험에 대해 그저 또 하나의 물리학 이론이라고 생각할 수 있다. 그러나 이 실험이 보여주는 결과는 우리가 알고 있던 세계의 법칙을 완전히 뒤집어 놓는다. 입자가 파동처럼 행동하고, 관측 행위가 결과를 변화시킨다는 사실은 우리의 상식적인 이해를 넘어서기 때문이다.

이중슬릿 실험은 다시 한번 우리에게 중요한 질문을 던진다. 우리가 보는 세상이 정말 '있는 그대로의 세상'일까? 아니면 우리의 관찰 방식에 따라 변화하는 것일까? 이러한 질문들은 단순히 과학의 영역을 넘어, 철학적이고 존재론적인 고민으로 이어진다.

더 나아가, 이 실험은 우리의 일상적인 삶에도 시사하는 바가 크다. 우리가 세상을 바라보는 방식이 실제로 세상을 변화시킬 수 있다는 것이다. 이는 마치 우리의 태도와 관점이 우리의 현실을 만들어간다는 것과 유사하다.

다시 강조하면 이중슬릿(Double-slit experiment, 양자역학에서 실험 대상이 파동인지 입자인지를 구분하는 실험) 실험은 우리에게 열린 마음의 중요성을 일깨워주는데 우리가 알고 있다고 생각하는 것들에 대해 의문을 제기하고, 새로운 가능성을 탐구하는 자세를 요구한다. 이를 통해 우리는 더 시야를 넓혀 세상을 바라볼 수 있다.

결국, 이중슬릿 실험은 단순한 과학 실험을 넘어 우리의 세계관을 확장하는 철학적 도구가 된다. 이는 우리에게 현실의 본질에 대해 다시 한번 생각해 보게 하며, 우리가 알고 있다고 믿는 것들에 대해 겸손해질 필요가 있음을 상기시킨다. 또한 이러한 깨달음은 우리의 삶을 더욱 풍요롭게 만들어 주며, 끊임없는 탐구와 학습의 여정으로 우리를 인도한다.

엔젤 넘버라는 것도 있는데, 양자적 언어로 설명된다. 엔젤 숫자는 특정 숫자 패턴을 말한다. 이런 숫자들이 반복해서 나타나는 것도 일종의 언어라고 볼 수 있다.

우리 주변에서 자주 보이는 같은 숫자들, 예를 들어 11:11, 1004 같은 시간과 번호를 자주 보는 것이 엔젤 넘버다. 이런 숫자들은 우리에게 특별한 메시지를 전하는 하나의 대화라고 할 수 있다. 마치 우리가 친구와 이야기하듯이, 우주가 우리에게 이런 숫자들로 말을 걸어오는 것이다.

엔젤 넘버는 단순한 숫자 패턴이 아닌 이 숫자들은 특정 의식 주파수와 공명하며, 이를 통해 우리에게 메시지를 전달한다. 다음과 같은 분석이 있다.

우리의 직관은 때때로 중요한 길잡이 역할을 한다. 이는 단순히 우리 마음속의 작은 소리가 아니라 우리 삶의 주요한 내비게이션 도구로 작용하는데, 이는 우리의 의사결정과 행동 방향을 결정하는 데 중요한 역할을 한다.

기적이라고 하면 뭔가 신비롭거나 초자연적인 것처럼 들리지만, 사실 우리 몸의 신경계가 정보를 깊이 있게 처리하는 능력에서 비롯된 것이다. 이는 실제로 우리 몸에서 일어나는 생물학적인 현상이다. 우리의 신경계는 주변의 정보를 인식하고 처리하는 도구다. 우리가 내면의 목소리에 더 귀 기울일수록, 그 목소리는 더 또렷하게 들리게 된다.

주의를 기울이면, 의미 있는 연결을 더 많이 발견할 수 있다. 이러한 신호들은 단순한 확인이 아닌 방향을 제시하는 것으로 해석된다. 이는 우리가 이러한 메시지를 단순히 인지하는 것에 그치지 않고, 그것을 통해 행동의 방향을 결정해야 한다는 것이다.

필자는 친한 친구와 다툰 적이 있었다. 그 후, 마음이 편치 않았다. 의견이 맞지 않아 다툰 것이었지만, 그 후로는 어쩐 일인지 서로 소원해졌다. 나는 그 친구와 말을 섞고 싶지 않았고, 그러니 친구 또한 나를 벌레 보듯 대했다. 시간이 지나도 상황은 나아지지 않았다. 이대로는 안 되겠다는 생각이 들었다. 그래서 나는 그 친구에 대해 좋게 생각하기로 마음먹었다.

처음에는 쉽지 않았다. 결점만 보이는 친구를 좋게 생각하려니 억지스러운 기분이 들었다. 하지만 나는 애써 "좋은 친구야."라는 말을 반복하며 자기최면을 걸었다. 매일같이 그 친구의 좋은 점을 떠올리려 노력했다. 마치 감정의 방향을 바꿔보겠다는 의지로, 부정적인 생각을 밀어내고 긍정적인 감정을 불러일으키려 했다.

그러던 어느 날, 그 친구가 마음이 풀린 듯 간단한 이야기를 건네 왔다. 처음엔 어색했지만, 나는 속으로 '친구가 좋아, 좋은 놈이야.'를 되뇌며 계속해서 긍정적인 이미지를 유지했다. 그렇게 조금씩 대화가 이어졌고, 우리는 결국 화해했다. 놀랍게도 예전보다 더욱 친한 사이가 되었다.

결국 우리는 서로의 마음을 열었고, 새로운 감정을 기반으로 더욱 끈끈한 우정을 쌓았다. 그 과정에서 필자는 깨달았다. 내 감정이 변화하자 친구의 태도도 변했다는 사실이다. 마치 내 감정이 파동처럼 퍼져 나가 친구에게 영향을 준 것 같았다.

　우리의 감정은 단순히 개인의 것이 아니라 세상과 소통하며 현실을 형성하는 중요한 에너지라는 것을 알게 된 사건이었다. 내 감정의 변화가 현실에도 영향을 미쳤다는 것을. 마치 내 감정이 파동처럼 퍼져 나가 친구에게 닿았고, 우리의 관계를 변화시킨 듯했다.
　얽힘은 마치 쌍둥이 친구 같다. 예를 들어, 두 쌍둥이가 서로 멀리 떨어져 있다고 해도 한 친구가 웃으면 다른 친구도 바로 웃는 것처럼 행동하는 것이다. 이때 서로 전화하거나 메시지를 보내는 것도 아니고, 그냥 동시에 같은 반응을 하는 것이다. 과학자들은 이 현상을 보고 "두 입자가 서로 연결되어 있다"고 한다.
　이 얽힘 현상은 빛보다 빠르게 반응하기 때문에 정말 신기하고, 과학자들도 아직 왜 이런 일이 일어나는지 정확히는 모르시만, 실험으로 이 현상이 실제로 존재한다는 것을 확인했다. 얽힘은 모든 것이 연결되어 있다는 것을 보여주는 양자역학의 중요한 개념이다.
　지금 생각해 보면 필자의 이 경험은 감정의 힘을 실감케 한다. 우리의 감정은 단순히 개인적인 것이 아니라 주변 환경과 사람들에게도 영향을 미치는 강력한 에너지라는 것이다.
　그리고 이 에너지는 우리가 살아가는 우주라는 거대한 가능성의 장과 끊임없이 상호작용하고 있다.

 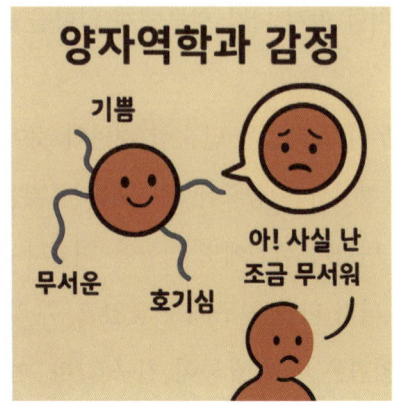

　무당이 굿거리 리듬에 맞춰 작두 위에서 춤을 출 때, 그 리듬과 몸의 진동이 공명하여 특별한 상태를 만들어내듯이, 우리의 감정 역시 특정 주파수로 진동하며 현실에 영향을 미친다. 우리가 느끼는 모든 감정은 단순히 마음속에서 끝나는 것이 아니라 파동으로 퍼져 나가 세상과 상호작용하며 새로운 현실을 창조한다.

　결국, 현실을 창조하는 주인공은 바로 우리 자신이다. 우리의 감정과 의식은 무한한 가능성의 장 속에서 끊임없이 춤추며 새로운 관계와 결과를 만들어낸다. 그러니 지금 이 순간에도 우리가 느끼는 감정 하나하나가 얼마나 중요한지 다시 한번 생각해 볼 필요가 있다.

　감정의 역할을 절대 과소평가해서는 안 된다. 우리의 감정은 현실을 이끄는 엔진이다. 우리의 감정이 행동을 형성하고, 그 행동이 결과를 형성하는 것이다.

　또한 여기에는 공명에서도 볼 수 있는 파동이기도 하다. 공명장에 대한 설명을 하면 공명 현상은 외부 진동과 내부 진동이 일치할 때 특별한 현상이 발생한다는 이론 말이다.

　무당이 작두춤을 추는 것, 이것을 공명의 관점에서 해석할 수 있다. 굿거리의 리듬과 무당의 몸의 진동이 일치되면 특별한 상태가 만들어질 수 있는데, 무당의 내적 에너지와 주변 환경의 에너지가 공명하여 특별한 현상을 일으킬 가능성이 있다. 지금까지 살펴본 양자물리학이 우리에게 알려주는 놀라운 현실은 우리가 사는 '우주는 무한한 가능성의 바다'라는 것이고, 현실은 고정적인 것이 아니라 끊임없이 춤추는 가능성의 장이라는 개념이다.

　여기서 그 가능성의 장은 움직이는 '관찰'이라는 개념이 대두된다. 우리는 우리가 간접하는 우주와 자연과 사물과의 관계 속에서 끊임 없이 상호작용하며 존재한다.

　우리가 지금까지 살펴본 양자론은 궁극적으로 서로 영향을 주고받는 방식 이론에 대한 것이기도 하다. 그래서 관찰자 의식을 가진 우리는 끊임없이 이 가능성의 장과 상호작용을 하며 어떤 현실과 관계를 맺을지, 즉 어떤 현실을 창조할지 결정지을 수 있는 것이다. 현실을 창조하는 주인공은 관찰자 의식을 가진 인간이다.

　방금 누군가 한 행동도 그저 일어난 게 아니다. 아무렇게나 일어난 게 아니다. 알고 보면 인류 삶 전체와 연결되어 있다.

　필자는 지금도 종종 그 친구와 함께 웃으며 이야기한다. 그리고 그럴 때마다 깨닫는다. 내가 품었던 긍정적인 감정이 결국 우리의 관계를 회복시켰다는 사실을 말이다.

　인간의 감정은 특정 주파수로 진동하는 에너지라는 말이 있다. 우리의 감정은 단순히 개인적인 것이 아니라 주변 환경과 사람들에게도 영향을 미치는 강력한 힘이다. 우리의 삶은 이렇게 서로 연결되어 있고, 우리가 만들어낸 에너지는 결국 우리 자신에게 돌아온다.

양자역학에서는 우리의 감정과 생각이 양자장에 영향을 미친다고 한다. 양자장은 모든 가능성이 존재하는 에너지의 바다와 같으며, 우리의 의식 상태를 반영한다. 필자가 긍정적인 감정을 반복하며 중첩시키자 그것이 독립된 에너지 덩어리로 발전했고, 결국 현실 세계에서 변화를 일으킨 것임이 분명하다.

물론 물질세계에서는 시간차가 존재하는데, 필자가 긍정적인 에너지를 발산한 후, 그것이 현실에 반영되기까지 시간이 필요했다. 하지만 중요한 것은 우리의 감정이 현실을 이끄는 엔진이라는 점이다. 감정은 행동을 형성하고, 행동은 결과를 만들어낸다. 이처럼 양자역학은 우리 주변의 많은 영향을 미치고 있다. 좋은 것들을 더 좋게 만드는 데 사용되고, 정신적, 신체적 그리고 치유를 위해서도 사용되고 있다. 양자역학에 대하여 우리가 완전히 이해하지 못해도, 이를 이용해 많은 부분에서 효율적으로 응용되고 있다는 것은 대단히 고무적인 일이다.

물리적, 감정적, 정신적, 영적인 차원을 넘다, 토션장

'토션장' 또는 '토션필드(Torsion Field)'로 불리는 특별한 에너지로 우리 주변 어디에나 있지만, 눈에는 보이지 않는다.

토션장 에너지의 특징을 보면 첫째, 중력과 같은 거리에서 우주 어디에나 있다. 둘째, 모든 물건과 생물에서 나온다. 셋째 아주 작은 것들(전자, 광자 등)도 이 에너지를 가지고 있다. 그리고 이 에너지는 돌아가는 전자나 모터 또는 자석 전기와 자기가 만나는 곳에서 만들어진다.

재미있는 점은, 이 필드는 살아있는 생물들, 즉 사람도 강아지도 온갖 새들도 이 에너지를 가지고 있다. 더불어 무생물들도 존재한다. 이 에너지는 전기자파 자기장을 포함하고 우주 공간의 모든 곳에 존재하며, 복잡하고 신비로운 특성을 나타낸다.

자세히 설명하면 토션장이라는 에너지는 우리 주변 어디에나 있다. 무당이나 점성술사 종교인에게도 있다. 또한 이 에너지는 난치병, 불치병 등 고통을 당하는 사람들에서부터 건강하고 활발한 사람까지 에너지가 있다.

예를 들면 무당이나 점쟁이가 뱉은 주문, 종교에서 사용하는 특별한 그림이나 글자 부적, 이런 것들에도 양자장 에너지와 토션장 에너지가 있으며, 이것이 아픈 사람을 돕거나 원하는 것을 도와줄 수 있다. 더불어 우리 몸과 마음에 좋은 영향을 줄 수 있다. 하지만 이 같은 영향은 과학적으로 아직 설명되지 않은 초월적 현상이다. 그러니까 이 에너지는 현실에서 근본적이며, 사물 간의 소통과 상호작용에 중요한 역할을 한다는 것이다.

토션장 에너지에 대하여 깊이 있게 들여다보겠다. 토션필드 에너지는 소련의 천체물리학자 니콜라이 코지레프가 1950년대 자유낙하 하는 동안 회전하는 자이로스코프의 무게 변화를 관찰하면서 토션필드의 존재를 발견했다. 그 후 러시아 물리학자인 쉬포브가 1980년대 초에 토션장 에너지에 대한 이해를 더욱 발전시켰다.

소련이 붕괴되고 나서야 토션장 에너지(Torsion Field)에 대한 정보가 점차 서구 세계에 알려지게 되었는데, 기존 물리학 이론에 도전하였으나 실험의 난해성으로 직접 관찰하기가 어려워 비주류로 남아있게 되었다.

토션필드와 기는 모두 보이지 않는 에너지로서 우주와 인간, 정신과 물질을 연결하는 역할을 한다는 점에서 유사한 개념이다. 두 이론 모두 에너지의 흐름과 균형을 중시하며, 이 흐름이 막히거나 왜곡될 때 문제를 초월한다.

그러나 철학적 기원과 설명 방식에서 차이가 있는데, 기는 동양 철학과 의학에 뿌리를 두고 있으며 주로 신체적, 정신적 건강과 연결되는 생명 에너지이고, 토션필드는 물리학적 배경에서 출발한 개념으로, 시공간의 비틀림을 통한 정보와 에너지의 전달을 설명하는 과학적 시도이다.

이러한 유사성과 차이점을 바탕으로 기와 토션필드는 서로 다른 맥락에서 나왔지만, 궁극적으로 우주적 에너지와 인간의 상호작용을 설명하려는 시도라는 점에서 상호 보완적인 관계이다.

다시 말하면 토션필드는 보이지 않는 에너지로서 우주와 인간, 정신과 물질을 연결하는 역할을 한다는 점과 두 이론 모두 에너지의 흐름과 균형을 중시하며, 이 흐름이 막히거나 왜곡될 때 문제를 초래한다.

토션필드는 보기가 정말 어렵다. 그래서 오랫동안 과학자들이 연구하기 힘들었다.

앞에서 언급했듯 니콜라이 코지레프가 빙글빙글 돌면서 떨어지는 물체의 무게가 변하는 걸 보고 토션필드가 있다는 걸 알아냈고, 동적 토션장 에너지와 정적 토션장 에너지라는 두 가지 주요 유형을 식별했는데 회전의 각 속도가 변하면 동적 비틀림 파동이 전파되는 반면, 각 속도가 일정하게 유지되면 정적 토션장 에너지가 형성된다고 밝혀냈다.

동적 토션장 에너지는 빙글빙글 도는 속도가 계속 바뀔 때 생긴다. 이건 다른 물건을 돌게 만들 수 있어서 과학자들이 찾을 수 있다. 정적 토션장 에너지는 빙글빙글 도는 속도가 같을 때 생긴다. 이건 너무 약해서 찾기가 어렵다. 우리 몸에서도 이런 에너지가 나오는데, 이 에너지는 계속 움직이면서 우리 몸에 힘을 준다.

이 에너지는 아주 멀리까지 갈 수 있다. 한국에서 미국까지도 갈 수 있다. 멀리는 우주 저 멀리 은하수까지도 간다. 빛보다 10억 배 이상이나 빠르다! 정말 신기한 특징이다.

또한 모든 장애물을 통과할 수 있는데 콘크리트나 철판도 통과한다. 그런데 특이한 점은 에너지를 쓰지 않는다. 그러면서도 정보를 보낼 수 있다. 현대 과학 시대에 산다고 자부하는 우리 지식으로는 도저히 이해가 안 된다.

하지만 유튜브에 현재 올라와 있는 방송이 있는데 이런 불신에 대해 한방에 해소할 수 있는 실험이다. 어느 메이저 방송에서 이 토션 에너지를 실험한 것이다.

서울의 모처에서 건강한 대학생 5명의 청년으로부터 정액을 받아 멀리 떨어진 부산으로 가지고 갔다. 거리를 이동시킨 것이다. 서울에서는 다섯 명의 실험자를 나란히 세워놓고 부산에서는 정액을 나란히 배열해 놓았다. 그리고 서울의 실험자 중 한 명을 지정하여 전기 자극을 주자 5개에 튜브에 담긴 정액 중 하나가 움직였다. 움직인 튜브는 그 실험자의 번호와 같은 것이었다. 이것은 놀라운 일이다. 유전자는 거리나 물체 시간과 공간을 초월하여 함께 통한다는 증명이었다.

 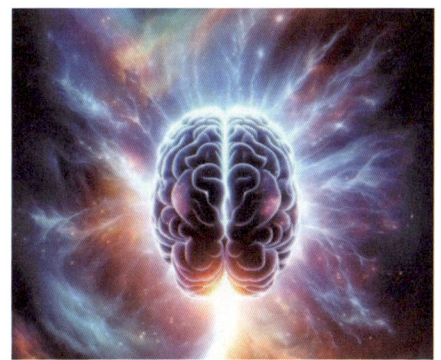

이것은 양자장 에너지에서 '얽힘'이라는 신기한 현상이기도 하다. 얽힘이란 두 개의 입자가 서로 멀리 떨어져 있어도, 한 입자의 상태가 바뀌면 다른 입자도 즉시 영향을 받는 현상이다. 마치 두 동료가 서로의 마음을 읽는 것처럼 신기하다. 이것은 서로 간의 소통이지만 이 에너지를 긍정으로, 즉 우회전 에너지로 당겨놓는 일이 중요하다.

토션장 에너지는 원시 에너지로 채워져 있기 때문에 파동의 매체는 진공이다. 이 필드에는 시계 방향으로 회전하는 오른쪽 필드와 시계 반대 방향으로 회전하는 왼쪽 필드의 두 가지 극성이 있다. 자석과 마찬가지로 극은 서로 끌어당기고, 서로 밀어낸다.

오른쪽으로 도는 에너지는 시곗바늘이 도는 방향으로 돈다. 이 에너지는 좋은 기운을 가지고 있는 긍정적인 에너지다. 왼쪽으로 도는 에너지는 시곗바늘과 반대 방향으로 돈다. 부정을 나타낸다.

이 두 에너지는 자석처럼 행동하는데 같은 방향으로 도는 에너지들은 서로 끌어당긴다. 다른 방향으로 도는 에너지들은 서로 밀어낸다. 과학자들은 오른쪽으로 도는 에너지가 특별히 중요하다고 생각하는데. 이 에너지는 좋은 정보와 힘을 전달하는 데 도움을 주기 때문이다.

이 에너지들이 우주를 돌아다니면서 여러 가지 일을 한다. 우리 몸과 마음에도 영향을 줄 수 있다. 토션필드의 우회전파(오른쪽으로 회전하는 에너지)를 당겨서 확장 고정하면 몸과 마음, 그리고 우주의 에너지가 조화롭게 스며들어 건강과 정신적 안정에 긍정적인 영향을 미칠 수 있다. 이 에너지 파동 개념은, 에너지 흐름의 조화와 균형을 중시하는 여러 전통적인 철학과 현대 물리학 이론의 융합에서도 살펴볼 수 있다.

토션필드는 물질과 비물질 모두에서 발생할 수 있는 회전하는 에너지장으로, 이 에너지는 물리적 차원뿐만 아니라 감정, 정신, 그리고 영적인 차원에서도 작용되는데 우회전파는 양성 에너지나 긍정적 진동과 연결된다.

우회전파가 확장되거나 고정된 상태에서는 에너지가 더 안정적으로 흐르게 되며, 이는 인체와 우주의 에너지와 공명하면서 사람의 몸과 마음을 더 큰 조화로 이끈다. 이를 통해 우주의 에너지가 인체와 더 잘 동조하게 되고 긍정적인 변화가 일어난다. 우회전파가 몸에 스며들면 에너지가 고르게 퍼져 세포가 활성화되고, 신체의 자연치유 능력이 강화되기 때문이다. 이는 혈액 순환, 면역 체계 강화, 그리고 신경계의 안정화와 같은 효과를 가져온다. 더불어 우회전 에너지는 정신적 불안정이나 스트레스를 완화하는 데에도 도움을 줄 수 있다. 마음의 평정이 찾아오고, 긍정적인 사고방식과 감정 상태가 유지되며, 자연 에너지와 동화되어 내면의 평화와 조화를 느낄 수 있다.

 영적 성장에 있어서도 우회전 에너지가 확장되면, 사람은 더 깊은 영적 깨달음과 연결될 수 있다. 이는 명상, 기도, 기공 또는 요가와 같은 수련을 통해 우주의 에너지와 자신을 일치시키는 과정에서 발생할 수 있다. 이처럼 토션필드의 우회전 에너지는 우리 몸과 마음, 그리고 영혼을 건강하게 만들어준다. 마치 우리 몸과 우주가 서로 이야기를 나누는 것처럼 좋은 영향을 주고받는다. 보 종교난체에서는 이 영적 감응으로 토션필드를 설명하기도 한다. 이는 지금도 유튜브 등에서 '토션필드 목회'를 치면 목사가 강의하는 것을 볼 수도 있다. 그러나 일부 신자들은 토션필드를 말하면 무조건 거부하고 나선다. 신비주의적이고 자신들의 교리에 안 맞는다고 야단이다. 더 큰 우주적 인식과 통합감을 느낄 수 있는 것인데 배척한다.

 토션필드의 좋은 에너지가 우리 몸 주변에서 오른쪽 방향으로 잘 돌면 나쁜 것들로부터, 특히 스트레스나 슬픈 감정 같은 것들을 없애는 데 도움을 준다. 이 좋은 에너지를 우리 것으로 만들면 우리 몸과 마음, 그리고 영혼이 모두 좋아질 수 있다. 이렇게 하면 우주의 아름다운 에너지와 우리가 잘 어울릴 수 있게 된다. 그러면 우리 주변의 세상도 더 밝고 행복해질 것이다. 마치 우리가 우주와 함께 춤을 추는 것처럼, 모든 것이 조화롭게 움직이게 되니까 말이다. 우리가 행복하고 건강해지면, 우리 주변 사람들도 그 기운을 받아 행복해질 수 있다. 그래서 우리 모두 이 좋은 에너지를 받아들이고 나누는 것이 정말 중요하다.

결론적으로 토션필드의 긍정적인 에너지가 인체 주위에서 우회전 방향으로 균형을 이루면, 내 외부 환경에서 오는 부정적인 영향으로부터 보호받을 수 있을뿐더러 특히 스트레스나 부정적인 감정 에너지를 중화하는 데 효과적이다. 우회전파를 내 것으로 만든다는 것은 몸과 마음, 그리고 영적인 차원에서 모두 긍정적인 변화를 이끌어낼 수 있으며, 이는 우주의 조화로운 에너지와 공명하는 중요한 방법이 된다.

모든 생명 현상의 근본적인 원리, 극성 에너지

극성 에너지 극성 요법(極性療法)은 스톤 박사(Randolph Stone)가 계발한 광범위한 통합 시스템이다. 스톤 박사는 생명 에지를 모든 생명의 근원으로 보았고, 인간의 에너지장은 삶의 경험, 식습관, 트라우마, 환경적 요인 등 다양한 요인에 의해 영향을 받는다고 보았다.

스톤 박사는 우리 몸에 '생명 에너지'라는 특별한 힘이 있다고 생각했다. 이 에너지는 우리가 살아가는 데 정말 중요하지만 우리가 먹는 음식, 겪은 힘든 일들, 우리 주변 환경 같은 여러 가지 이유로 이 에너지가 잘 흐르지 못할 수 있는 데에서 출발한다.

이 극성 요법은 여러 가지 재미있는 방법을 사용하는데, 몸을 부드럽게 만지거나 건강에 좋은 음식을 먹거나 좋은 이야기를 나누거나 간단한 운동을 하는 것이다. 이런 것들이 우리 몸의 에너지를 잘 조절해 주고 균형을 맞춰준다. 극성 요법은 이 생명 에너지가 우리 몸 안에서 잘 흐르도록 도와주고, 어울리도록 도와준다. 이 용법을 제대로 사용하면 마치 우리 몸 안에 있는 작은 우주가 잘 돌이기는 것처럼 우리 몸과 마음이 더 건강해지고 행복해질 수 있다.

Stone 박사는 에너지의 극성이라는 개념을 통해 모든 생명 현상의 근본적인 원리를 "우주는 모든 극성으로 이루어져 있으며, 극성이 없다면 이 물질계에 생명이 있을 수 없다."라고 보았다.

그러니까 세상에는 뜨겁거나 차가운 느낌, 남자와 여자, 쾌락이나 고통, 기쁨, 환희, 사랑이나 증오의 감정도 있을 수 없다. 생명체가 흐르기 위해서는 지구에 북극과 남극이 필요한 것처럼 생명체가 흐를 수 있는 극이 있어야 한다.

요약하면 극성 요법은 플러스(+)와 마이너스(-) 극성을 통해 에너지의 균형을 맞추고 치유하는 대체 요법이다. 이는 몸의 에너지가 특정한 흐름을 가지고 있으며, 이 흐름의 불균형이 건강 문제를 초래한다고 보고, 이를 조화롭게 맞추는 데 중점을 둔다. 이 개념은 동양의 음양오행과 몇 가지 중요한 연관성을 가진다.

플러스 극성(+)은 양(陽)의 성질과 비슷한데 양은 밝음, 뜨거움, 동적, 상승하는 성질을 가지고 있으며, 에너지가 발산되고 활성화되는 성질을 나타낸다. 마이너스 극성(-)은 음(陰)의 성질과 유사하다. 음은 어둠, 차가움, 정적, 하강하는 성질을 가지고 있으며, 마이너스 극성은 에너지를 받아들이거나 흡수하는 성질을 나타낸다.

극성 요법은 무엇보다 인체의 에너지 흐름을 강조한다. 이 에너지가 잘 흐르지 않으면 우리 몸과 마음이 아플 수 있다. 에너지의 불균형이 신체적, 정신적 문제를 야기한다고 본 것이다. 우리 몸에는 다섯 가지 특별한 힘이 있다. 나무[木], 불[火], 흙[土], 쇠[金], 물[水]처럼 이 다섯 가지 힘이 서로 도와주고 때로는 서로 제어해 주면서 균형을 맞춘다. 이렇게 균형이 잘 맞으면 우리가 건강해질 수 있다. 왜냐하면 몸의 여러 부분은 모두 이 에너지와 연결되어 있어서이다. 만약 어딘가에서 에너지가 막히면, 그 부분이 아프거나 이상해질 수 있다.

스톤 박사는 이 극성 요법을 우주의 특별한 규칙으로 우리 건강에 적용했다. 그는 우주에 대해 깊이 생각하였는데 우주에는 항상 두 가지 반대되는 힘이 있다고 믿었다. 예를 들면, 지구에 북극과 남극이 있는 것처럼 우리 몸에도 이런 두 가지 힘이 있다고 보았다. 플러스(+)와 마이너스(-) 같은 것이다.

우리가 행복해지고, 좋은 경험을 하고, 건강하게 살 수 있는 건 두 가지 힘이 잘 어우러져 잘 맞추는 게 정말 중요하다. 극성 요법은 단순히 아픈 곳을 고치는 게 아니다. 우리 몸 전체의 에너지가 어떻게 움직이는지 이해하고, 그 에너지가 잘 흐르도록 도와주는 것이다.

즉 스톤 박사의 극성 치유기법은 인체가 살아있는 자석과 같이 양극과 음극 사이에서 흐르는 전자기파의 밸런스를 조정하여 생기를 이끌어내는 데 있다는 것이 핵심 결론이다. 우리 몸에 에너지는 특별한

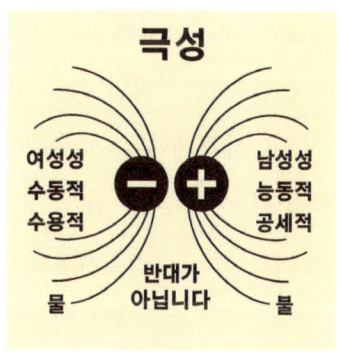

길을 따라 흐른다. 만약 이 길이 막히거나 에너지가 너무 많이 흐르면 문제가 생길 수 있다. 이건 옛날 동양에서 말하는 음양오행의 에너지가 잘 돌아다녀야 건강하다는 생각과 비슷하다.

극성 요법은 우리가 살아가는 것은 단순히 먹고 자고 일하는 게 아니라 우주의 큰 에너지 흐름과 함께 춤을 추는 것과 같다. 우리가 우주의 작은 조각이면서도 우주 전체를 담고 있는 특별한 존재라고 본 것이다.

세계보건기구 WHO와 한국 의사협회의 로고를 보면 처음에는 의아할 수 있지만, 이 극성을 잘 표현하고 있다. 보건을 추구하는 에너지의 조화와 균형, 그리고 전통적인 상징과 현대적 해석을 결합한 특성의 디자인은 보건기구와 의사협회의 정체성을 강화하고, 공공과의 소통에서 강력한 이미지를 제공하는 것이 목적일 것이다.

로고에는 콰이사(Qhausa, 전통과 현대 의료의 결합을 상징하는 개념으로, 에너지의 균형과 조화를 표현한다. 특히, 양쪽에 위치한 뱀은 서로 반대 방향으로 회전하며 이러한 에너지의 조화를 나타낸다.)는 지팡이를 가운데 두고 뱀이 그려져 있다. 처음 보면 조금 이상하게 느껴질 수 있다. 왜냐하면, 우리나라에서는 보통 뱀을 영물로 보고 무서워하거나 싫어하니 말이다. 하지만 이 로고에는 특별한 의미가 있다.

로고 가운데에는 지팡이가 있고, 뱀이 감겨있다. 지팡이는 의사 선생님들이 환자를 돕는 모습을 나타내고, 뱀은 지혜와 치유의 신을 나타낸다. 그리스신화에서 아스클레피오스(그리스 신화에서 의술의 신으로 알려진 인물)라는 의술의 신이다.

지금은 한 마리만 그려져 있지만, 전의 로고는 두 마리의 뱀이 서로 반대 방향으로 돌아가고 있었다. 이건 우리 몸의 에너지가 잘 흐르는 모습을 보여주는 것이다. 마치 우리 몸 안에서 플러스(+)와 마이너스(-)의 좋은 기운이 춤추는 뱀의 꼬리에서 시작해서 머리까지 이어지는 모양은 우리 몸의 에너지가 어떻게 움직이는지를 보여주고도 남는다. 이렇게 그린 이유는 의사들이 우리 몸의 에너지를 잘 이해하고 있다는 걸 나타내기 위해서일 것이다.

즉 의사협회는 이 로고는 여러 가지 의미를 부여한 듯하다. 옛날부터 내려온 의학의 지혜와 새로운 과학적 발견도 중요하다는 걸 보여주고 싶은 것이다. 또, 우리 몸의 에너지가 잘 흐르도록 돕는 게 의사들의 일이라는 것도 말하고 싶어 한다.

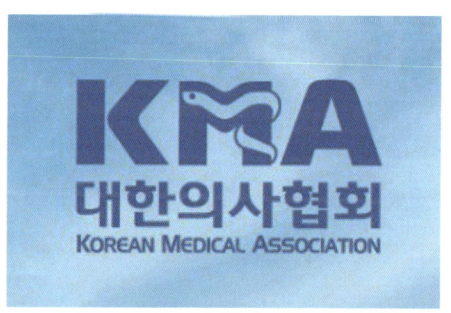 

풍요의 주파수와 공명할 때 풍요의 기회들이 더 강하게 공명하고,
성공의 주파수와 공명할 때 성공의 기회들이 더 강하게 공명한다.

제8장

조상 귀신은 정말 존재하는가? 후손을 괴롭히는가?

조상 귀신은 정말 존재하는가? 후손을 괴롭히는가?

한국의 전통적 믿음에 따르면, 집안에 아픈 사람이 있거나 일이 잘 풀리지 않을 때 '조상님의 묘소를 이장해야 하는가?'에 대한 고민이 있는데 조상의 기운이 후세에 미친다는 믿음 때문이다. 이것은 한국의 역사적, 문화적, 심리적, 사회적 배경에 깊이 뿌리내린 한국의 전통적 믿음과 현대적 사고의 경계에 있어서의 고민이다.

하지만 속삭임처럼 듣던 귀신이 정말 있을까? 있다면 어떻게 할 것인가? 필자는 귀신이 있다고 단언한다. 그것은 혼(魂)일 수 있고 영(靈)일 수 있으며, 환각일 수도 있고 다른 그 무엇일 수도 있다. 종교에서도 신이 있지 않은가? 꿈에 나타나는 조상님과 가끔 매스컴에서 보도되는 미스터리들.

양자장 이론으로 보면 아무튼 우리가 사는 세상에 귀신은 있다. 대개의 사람들은 산소를 이장한다고 하면 풍수지리에 효용 가치를 두고 있으며, 명당에 집착한다. 더불어 돌아가신 조상을 모실 때 가장 잘 모시는 방법은 제사를 잘 치러드리고, 산소를 볕이 잘 드는 양지에 모시고, 벌초 잘하면 정성껏 모신 것이라고 생각을 하는데, 이것은 가족애적인 측면과 정신적인 위안에서 괄목할 만한 일이다. 하지만 그렇다고 조상으로부터 복을 받는다는 관념은 잘못된 생각이다.

우리는 대개 집안에 누군가 아프거나 불운이 따르면 묫자리가 안 좋은 것 아닌가 하고 일단 첫째 묘소를 지목한다. 그리고 이장해야 한다는 관념이 대두되는데, 이것은 오컬트적인 무속신앙서 연관이 있다. 무속신앙은 한국의 토착 종교로, 자연과 영혼, 신령과의 소통을 중시하는 데에서 출발한다.

묘소를 이장한다는 것은 단순히 미신의 관점을 넘어 전통과 현실의 조화를 고려해야 하는 복잡한 문제로서 가족과 사회의 유대를 담고 있다. 마치 슈뢰딩거 고양이 실험(슈뢰딩거의 고양이는 1935년 오스트리아 물리학자 에르빈 슈뢰딩거가 양자역학의 모순을 드러내기 위해 고안한 사고 실험. 이 실험은 양자역학의 코펜하겐 해석을 비판하며, 관측 이전의 상태에 대한 불확정성을 설명한다.)에서처럼 말이다.

명당이란 해와 달, 은하수의 흐름까지 가늠할 수 있는 방향을 말한다. 오늘날 대개 사람들은 명당의 조건 첫째가 수맥(땅속에 흐르는 지하수의 흐름을 가리키는 개념)이 흐르지 않는 곳을 주장하고 있다. 수맥이 흐르지 않는 곳을 찾는 것. 그것이 복을 주는 조상을 평안히 모시는 방법의 첫 번째 조건이다.

많은 지관이 명당 찾는 데 일견이 있는 사람 중 일부는 풍수지리를 대통했다고 하며 좌청룡과 우백호, 배산임수를 논한다.

그러나 지형은 변화무쌍하다. 부동산 개발에 따른 변화도 지대하다. 필자의 경험에 의하면 우리 주변의 모든 것은 계속 변한다. 맥(脈)도 영원히 그대로 있는 것이 아니라 변한다. 하늘의 달도 기운이 차면 떨어진다고 12번의 주기로 상현과 하현을 반복한다. 달이 천체과학자들에 의하며 일 년에 3.5cm씩 이동한다고 한다. 그러니까 사람 손톱 자라는 길이만큼 이동한다는 것이다. 은하수도, 바람도, 계곡을 굽어 도는 나무들도, 계곡 물길도, 영원히 그대로 있지 않고 변한다. 영원히 그 자리에 머물러 있는 것은 없다.

모두 변하는데 명당이 명당으로 그대로 계속 명맥을 유지한다는 것은 무리이다. 더불어 명당은 또한 찾기가 결코 쉽지 않다.

그러나 이 명당을 찾는 길은 기감이 동하고 바로 즉석에서 실측 가능한 사람만이 증명할 수 있다. 명당의 기감을 처방 후 바로 기의 흐름을 보여줄 수 있으면 그 사람이 명당을 찾는 지관이다. 또한 그런 사람을 찾기란 쉽지도 않다.

'여기가 명당인지 아닌지 나중에 보면 알게 된다.' 그런 말은 누구나 할 수 있는 미래 저편의 얘기고 소용없는 말이다. 묘소를 이장 후에 그곳이 명당이라는 것은 후대가 잘되는 것을 보고 증명된다지만 먼 훗날까지 한참을 기다려야 한다. 그때까지는 아무도 모른다. 증명할 수 없다. 그러나 필자의 방법은 틀리다. 실측을 즉석에서 할 수 있다. 대개는 묘소를 이장할 필요 없다. 시간도 기다릴 필요 없다.

현재의 위치에서 장애가 되는 것들을 제거해 주면 된다. 그것은 변화하는 우주 에너지 방향과 위치를 당기고 고정해 놓으면 된다. 별과 달, 은하수와 바람, 나무와 물까지 잡아놓는다. 분명한 것은 어떻게 하든 조상의 기운은 우주 속에 있으며 그것을 살펴주면 된다.

격화소양이라고, 핵심을 찌르지 않으면 비켜 간다는 말이 있듯이 핵심을 잡는 것이다. 그런데 부득이 파묘를 하여 조상 기운을 다른 곳으로 옮긴다고 하면 현실적인 문제가 부딪친다. 경제적 부담인데 새로운 묘지 구입해야 하고, 이장, 의례 등 비용이 많이 든다. 시간도 소요되고, 묘소 이장이 정말로 문제를 해결할 수 있는지에 대한 확실함도 담보 못 한다. 긴가민가 의구심이 든다.

하지만 조상의 기운이 후대에 미치고 있다는 것은 에너지의 한 축에서 반드시 잡아주어야 할 후손들의 과제이기는 하다.

영화 「검은 사제들」, 「파묘」와 같은 제목의 오컬트 영화들이 한때 많은 관객을 동원하여 성황리에 상영되었다. 생각하기에 따라서는 귀신은 무서운 존재지만 그렇지 않고 인간의 죄와 상처, 갈등을 상징하는 존재이기도 하다. 귀신의 존재가 단순히 초자연적 현상을 넘어 인간의 내면적 고통을 나타내고 있다.

한데 현대 사회에서 만연한 불치병, 난치병 환자들의 대부분은 조상의 불만이 씌워진 기운들이라고 하면 너무 나간 신비주의적 발언일까? 이렇게 주장하면 미신적인 논란의 대상이 될 수도 있을 것이다.

하지만 필자는 오컬트 영화 「파묘」에서 보듯 알 수 없는 과학적 변방에서 파생된 실체를 우주 에너지 측면에서 부각하려고 한다. 조상 귀신은 정말 있는가? 그들은 후손들에게 몹쓸 병을 안겨준다는데 사실인가? 이 두 가지이다. 이것은 논란이 될 수도 있다. 그러나 논란이 되기를 꺼려서 묻어두고 싶지는 않다.

물론 신체적 건강 문제를 먼저 가신 조상님의 불만이나 초자연적 현상과 연결 짓는 것은 과학적 근거가 부족하고 위험할 수도 있다. 병들은 복잡한 체질적 유전적 요인과 환경적 요인이 복합적으로 작용하여 발생하는 것이 의학계의 정설이니까 말이다. 그 건강 문제에 대해서는 전문적인 의학적 접근이 필요함을 전제로 필자의 주장은 비주류에 속하는 주관적인 견해임을 먼저 밝힌다. 그러나 그럴 수도 있겠다는 가정법에서 사례를 들어보기로 하자!

조상님의 에너지는 가족 중 제일 아끼는 능력이 우수하고 특출한 분, 특히 남자보다 여자들에게 치고 들어오는 경우가 많다. 여기서 "치고 들어온다."라고 표현했는데 '항변'이라는 뜻이 적당할 듯하다. 조상님의 항변이다. 이것을 현세 사람들은 조상 귀신이라고도 부른다. 귀신의 귀(鬼) 자는 조화롭다, 멀다, 교활하다는 뜻이다. 언뜻 들으면 오싹한 느낌이 솟는 단어다.

조현병, 암, 불치병, 정서불안 등과 의욕 상실, 마약 등 병원에서 포기할 정도의 고약한 것들만을 가져다준다. 그렇다면 왜 똑똑하고 촉망받는 가장 이쁜 자손에게 좋지 못한 증상들을 내릴까 하는 의문이 생긴다. 왜 조상님은 자신의 피를 나눈 후손에게 오히려 잘되라고 보살펴 주어도 부족할 텐데 괴롭히는 경우가 생긴다면 이유는 무엇일까? 의구심이 들 것이다.

그러나 평범한 논리로 해석해서는 안 된다. 이승과 저승은 산 자들과 죽은 자들과 비대칭적 관계이기 때문이다. 조상 귀신은 어르신이 아니다. 어른이 아닌 아기다. 그것도 갓난아기다. 조상님은 망자로 됨과 동시에 아기로 바뀐 것이다. 갓난아기의 심술과 투정이다. 그렇다면 그게 말이나 되는 사실일까?

『천예록』(조선 후기 문신 임방이 지은 야담집. 주로 신선, 괴물, 귀신, 요괴, 저승 등 비일상적 존재와 공간에 대한 내용이다.)에 나오는 두억시니(머리를 짓누르는 귀신) 이야기에서는 아이의 모습을 한 귀신이 등장한다.

  최근의 「파묘」 영화에서는 갓난아기가 조상의 괴로움을 느끼는 것으로 묘사되어, 어린 자손과 조상 귀신을 연결 짓는다. 조상 귀신을 아기로 보는 관점에 대한 직접적인 과학적 증거는 없다. 하지만 이러한 해석은 귀신 현상에 대한 새로운 심리학적 접근인데, 아기의 심술과 투정으로 귀신 현상을 해석하는 것은 인간의 기본적인 욕구나 감정 표현의 한 형태가 한몫했을 수도 있다.

  더불어 무당들은 다른 대상보다도 많은 수가 신내림으로 동자신(神)을 받았다고들 한다. 필자가 그간 접한 여러 무당이나 스님 또는 지관들의 말을 정리해 보면, 조상님들이 이승에서 저승으로 가면 어린애가 된다고 한다. 지능이 80~90% 정도가 떨어지는 갓난아기라는 것이다.

  사람의 일생이란 게 태어나서 기저귀 차고 아장아장 걷던 아기에서 청년이 되고, 장년이 되고, 노년이 되어 다시 기저귀 차다가 저승으로 간다. 북망산천으로 가면 생각도, 행동도, 하는 형태도 어린 아기처럼 되어버린다니, 평상적인 생각으로는 이해가 사실 되지 않긴 하다.

  아기는 자신밖에 모른다. 아기는 싫으면 칭얼거리는 게 정상이다. 산소에 물이 차고, 안 좋은 땅에 묻혔다거나(대개의 산소에는 물이 찬다.) 제사나 대하는 태도가 소홀한 점이 있다면 투정을 부린다. 그리고 남겨진 후손 중 가장 아끼는 사람을 택해 병이나 고통을 안겨 준다. 자신의 처지를 너희 이승에 있는 후손들이 알아달라고 신호를 주기 위한 것이다.

정상적인 규범 사리와 상식에서 이해가 되지 않지만 그것은 산 사람들의 입장이고, 이를 따지기보다 투정 많은 어린아이가 되어 심술을 그대로 발산한다.

필자가 체득한 사람들을 기준 잡아보면 남자보다는 여자가 더 많은 비중으로 정신병을 앓고 있기도 한데 한결같이 가족 중에 가장 영특했었다고 아쉬워들 했다.

예전에 근 몇십 년 전만 해도 어려웠던 시절에는 일명 정신병 환자들이 많았던 듯싶다. 주변에서 흔히 볼 수 있었다. 요즘은 매스컴에서 가끔 뉴스로 나오는 길거리 행패 등 조현병, 우울증 치료를 받았다는 사람을 보는 것 외에는 주변에 없는 듯하다. 하지만 가만히 들여다보면 아직도 많은 수의 사람들이 고통 속에서 허덕일 것이다. 현대는 과학의 발달로 약으로 치유하고 프라이버시가 강조되어 쉬쉬하고 주변에는 그런 사람이 하나도 없는 것처럼 보인다. 그러나 보이지 않는 수가 상당하다고 여겨진다.

최근 연구에 따르면 조현병의 유병률은 크게 변하지 않았다고 뉴스에서 보았다. 국내 조현병 환자 수는 약 25만 명으로 추정되며, 이는 전체 인구의 약 0.5%에 해당한다. 다만, 과거에 비해 정신병에 대한 인식과 치료 방법이 개선되어 환자들의 삶의 질이 향상되었을 뿐이다. 필자는 약물요법을 통한 은둔을 지향하고 있는 환자와 가족들을 많이 보아왔다.

우울증을 앓거나 조울증에 시달리는 사람들에게 병원에서는 세로토닌이나 도파민 등 뇌신경 전달물질 불균형이라고 하며, 항우울제나 적당한 약물요법으로 조용한 세상이 만들어진 듯도 하다. 또한 날로 복잡하고 개인주의가 만연하는 현대사회에서는 병증과 치료의 한계성으로 인해 어쩔 수 없는 일일 것이다.

이 글을 읽는 혹자는 이러한 적나라한 표현에 대해 거부감을 느낄 수도 있을 것이다. 조상 운운하니 과학적인 측면에서는 아주 고약한 비현실적이고 신비주의 미신 같은 이야기일 수 있다.

그러나 그럴 수도 있구나 하는 실험정신도 필요하지 않을까? 내 생각, 내가 품어온 관념과 질서만 옳다는 생각은 좀 유연해질 필요가 있다. 세상은 저만큼 앞서가는데 고리타분하게 세상을 넓게 보려 하지 않으면 양자의 해로 정해진 세계 흐름에 뒤처질 수밖에 없다. 양자 에너지도 이미 100년 전에는 무식한 소리에 지나지 않다가 이제 세상에 나왔으니 말이다. 더불어 유념해야 할 것은 4%밖에 밝혀진 것이 없는 현재의 지식으로 96%나 아직 밝혀지지 않은 에너지를 걷어차 버리는 꼴이 될 수 있다는 것이다.

아직도 양자장과 토션필드 에너지에 대한 파헤침은 계속되고 있다. 이미 100년 전에 가설에 지나지 않았던 사실이 하나둘 밝혀지는 중이다.

조상 에너지는 아직 모르는 에너지일 수도 있다. 더불어 세상에는 초현실적인 귀신에 대한 사례가 많이 있다는 것도 그에 대한 경계를 부추긴다.

한국인들의 의식 성향을 보면, 귀신을 통해 자신의 내면을 마주하고, 사회적 문제를 성찰하며, 전통과 현대의 갈등을 해결하려는 관념이 지배적이다.

귀신은 단순히 쫓아내야 할 존재가 아니라 조상의 한과 원한을 풀어야 할 대상으로, 이는 한국인의 전통적 가치로서 핸드폰과 로봇이 만연한 현대화된 지금까지 이어지고 있다. 불치병, 난치병 등 병원에서 포기한 환자, 크고 작은 사고가 끊임없이 반복되는 사람, 원인을 알 수 없는 병마에 시달리고, 하는 일마다 잘 풀리지 않고 사업이 망하는 분들, 부부간의 불화와 다툼 등등의 온갖 파생되는 문제들을 겪고 있다면 조상 묘를 잘 못 쓴 것 아닐까 하는 정서는, 끊임없이 고통 속에 있는 가족들은 조상님을 어떻게든 달래야 하는 숙제다. 좀 더 여유가 생기면 조상님 묘를 이장해야겠다는 생각은 후손들 누구나 가슴 저편에 또아리를 틀고 있다.

그러나 필자는 산소 이장을 권장하지 않는다. 우주 에너지 휘선 당착 요법으로 처방해 주면 해결되니까 말이다. 물길(수맥파)도 정리되고, 토양의 기운도 살며 명당화가 된다. 그간 고생했던 병마도 가라앉고 집안의 안 좋은 우환들도 모두 사라지는데 구태여 '수맥 잡는다', '명당을 찾는다' 하여 이장을 해야 할까?

명당 수맥 등 측량을 바로 즉석에서 하고 처방까지 일사천리로 이루어지는데 파묘하여 다른 곳으로 이장한다는 게 그 무슨 소용이 있느냐는 것이다.

가족 중 아프거나 안 좋은 이들이 있다면 조상님 불만 에너지를 상쇄시키는 파묘를 하는 것도 바람직한 일이긴 하다. 더불어 가족 간의 우애와 정신건강 측면으로도 좋을 것이다. 그러나 이장하였다 하여도 수맥이 나오지 않는 명당이라는 것은 장담은 못 한다.

명당이란 보는 사람에 따라 천차만별이고, 산소에는 대개 수맥이 흐르고 있기 때문이다.

  그러므로 산소를 그대로 놔둔 채 수맥파를 잡고 명당을 만들어 주면 어떨까? 가능하다면 이 방법이 최고 중의 최고일 것이다. 구태여 파묘를 하여 산소를 옮기는 일은 전근대적인 방법이다. 수맥이 대개 조상 기운을 사기시키는데, 이를 잡아내면 된다는 것이다. 사기에서 생기(生)로 바꾸어 주면 된다. 눈앞에서 바로 수맥과 우주 기운을 선별해 주는데, 그것도 말로 아닌 측정기로 보여준다면 믿을 수 있을 듯하다. 이것보다 더 좋은 방법이 어디 있겠는가? 즉석에서 눈앞에 보여주니 의심을 버릴 수 있어 좋다.

  그렇다면 이 비법은 무엇일까? 휘선당착 요법이다. 이 요법은 에너지 '우주 백신'을 착상시킨 요법인데, 하늘의 기와 땅의 기를 중간적 자손의 기와 합치시키고 우주 에너지를 당긴다. 그러면 기운을 받고 좋아진다. 예상외로 아주 쉽고 간단하다. 우주 에너지의 힘은 모두를 포용하고도 남기 때문이다. 그 힘으로 조상귀신을 달래 준다면 조상의 기운은 반드시 후대에 미치고 있는 항변, 즉 투정도 사라진다.

  필자가 일전에 정신병증의 환자 치유를 도운 적이 있다. 그때 그 환자는 혼자 벽을 보고 헛소리를 하는 게 다반사였다. 누구하고 그렇게 얘기를 하냐고 물으면 귀신하고 얘기한다고 했다. 처방을 해준 다음 날은 하는 말이 간밤 꿈을 꾸었는데 화장실에서 귀신들이 허리가 부러지고 목이 두 동강이 났다고 한다. 그로부터 헛소리를 하지 않게 되었다. 자기와 놀던 귀신들이 모두 도망갔다는 것이다.

그 환자의 어머니는 "정말 조상 귀신이 씌었나 봐요. 사실 시아버지의 묘가 잘못된 듯해요. 느낌이 안 좋아요. 이장을 해드려야 할 것 같아요."

그 어머니는 자신이 그동안 속으로 수없이 생각해 왔던 고민을 이제서야 털어놓는다고 했다. 그는 독실한 기독교 신자였다. 종교적 교리와 조상 귀신에 대한 대치에 힘든 듯한 모습이었지만 선한 인상의 아주머니였다.

또 어느 날인가 1등 복권 다섯 장을 똑같이 맞추었다는 보도를 접했다. 전날 조상님이 꿈에 나타나서 똑같이 1등 번호를 다섯 장 적었다는 것이다. 신문보도를 추린 내용은 이렇다.

2023. 9. 23. 제1003회 당첨번호 수동선택 5개가 동시에 1등에 당첨 실제 사진

"2023년 9월 23일 로또 운영사 동행복권에 따르면 제1003회 로또 1등 당첨 번호는 1, 4, 29, 39, 43, 45이었습니다. 수동 번호

선택 5개가 동시에 1등에 당첨되는 일이 벌어졌습니다."

 우리는 가끔 또는 빈번하게 이런 조상들이 꿈에 나타났다는 이야기를 듣는다. 필자도 역시 일찍이 그런 경험을 하였었다. 돌아가신 형님이 꿈에 나타났는데 로또 번호를 알려주셨다. 다음 날 잊어먹고 있다가 마감 시간(토요일 당시 8시경)을 간신히 맞추어 그 꿈이 떠올라 얼른 복권을 샀는데 번호 두 개를 잊어먹어 두 개는 아무거나 적고 기억 나는 대로 4개만 썼다. 그런데 그 번호 4개가 맞았다. 로또복권 3등에 당첨된 것이다. 기억에는 13만 원을 받았다. 한동안은 잊어먹은 그 2개의 번호를 엄청 아쉬워하기도 했었다. 필자의 조상 에너지는 그리 나쁜 편은 아닌 것 같다. 지금까지 어려웠던 때도 있었지만 순탄했으니 산소는 적어도 명당이 아닐지 몰라도 흉지는 아닐 것이라고 확신한다. 조상님 불만이 없고 로또 번호까지 맞추어 주려고 했으니까 말이다. 이것을 어떻게 해석할 것인가? 미신이라고 저만치 구석으로 몰아넣고만 있을 것인가? 언제나 우리 주변에서는 이런 일들이 빈번하게 일어나고 있는데, 과학자들은 이런 논리를 펼 것이 분명하다. "조상이나 귀신이 꿈에 나타나는 현상은, 심리학적으로 해석될 수 있다. 이는 종종 개인의 무의식, 과거의 기억 또는 현재의 걱정이나 불안을 반영하는 것이다. 꿈은 개인의 심리 상태와 경험을 반영하는 것이지, 초자연적 현상의 증거가 아니다. 복권 당첨과 같은 우연의 일치를 초자연적 현상과 연결 짓는 것은 확증 편향의 결과일 수 있다. 이러한 사건은 단순한 우연으로 설명될 수 있으며, 과학적 근거가 없는 해석을 적용하는 것은 바람직하지 않다. 결론적으로, 과학적으로 검증되지 않은 개념이나 초자연적 현상에 의존하기보다는, 의학과 심리학의 전문적인 접근을 통해 건강과 웰빙을 추구하는 것이 더 적절하다."

한 예를 더 들면 필자에게는 ROTC로 장교로 예편한 친구가 있다. 이 친구는 미신이나 초현실적인 것들은 무가치하게 여기는 성향이 강했다. 그런데 어느 날 가지고 있던 단독주택이 하도 안 팔리기에 지인의 부탁 반 권유 반으로 밑지는 셈 치고 소개받은 무당으로부터 부적을 받아왔다. 무당은 문 앞에 붙여놓으면 보름 안에 집이 팔린다고 하였다고 한다. 그런데 정말 일주일도 안 되어 집이 팔렸다. 집을 내놓은 지가 2년도 넘어 지칠 대로 지쳤었는데 집이 한방에 팔린 것이다. 친구는 자기도 믿거나 말거나 하고 붙여보았다고 한다. 그는 정말 놀랍다고 하며 고개를 갸우뚱거렸다.

바라는 것들의 염원을 이루어주는 힘! 양자장 에너지이기도 하며, 토션필드의 에너지이기도 하다. 대개 우연히 나갈 때가 되어 팔린 덕이라고 세상 사람들은 말할 것이다. 하지만 한마디로 타이밍이 절묘하게 들어맞았다고, 믿어지지 않지만 거부할 수는 없는 소식이다. 이것도 과학자의 시선으로 논리를 펴보면 어떨까? 분명 이렇게 답변할 것이다. "부적과 집 판매 사이의 인과관계를 입증하기는 어렵다. 친구가 경험한 일은 우연의 일치일 가능성이 크다. 부동산 시장은 다양한 경제적, 사회적 요인에 의해 영향을 받으며, 특정 시점에 구매자가 나타나는 것은 이러한 요인들의 복합적인 결과일 수 있다. 이러한 경험은 확증 편향이나 우연의 일치로 치부될 것이다. 확증 편향은 자신의 신념이나 기대에 부합하는 정보만을 선택적으로 받아들이는 인지적 오류를 말한다."

그러나 실체를 경험한 당사자 입장에서는 그 점을 인지한다 해도 무언가 목덜미를 당기는 의문이 가시지 않는 일이다. 하지만 이것을 양자장 에너지에서 가늠해 보면 무언가 이해하고 싶어질 것이다.

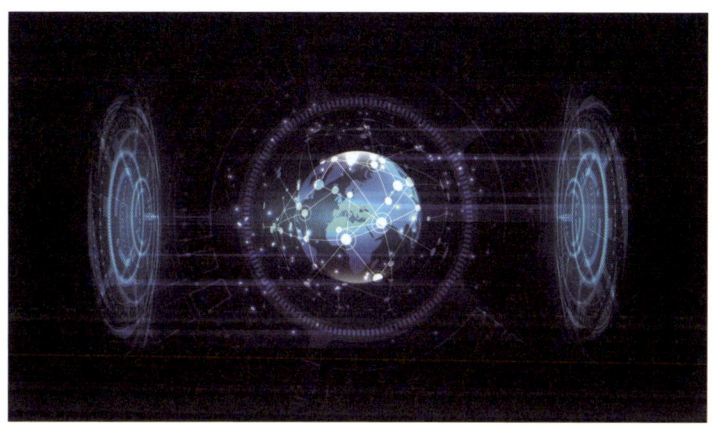

동시성과 공명은 양자적 나침반처럼 작동하며, 대상자의 진화와 일치하는 가능성을 가리키고 있다. 어느 순간 이러한 기적은 아주 자연스러운 것이 된다. 동시성은 양자장이 우리의 의식과 소통하는 일이다. 우리의 주파수가 높아지면 자연스럽게 같은 주파수로 진동하는 경험, 사람, 상황을 끌어당기기 시작한다. 우주는 조화로운 공명이라는 원칙에 의해 작동하고 있기 때문이다. 항상 있었지만 이전에는 없었던 신호를 받기 시작한다. 소통이 시작되는 것이다. 또한 동시성이란 우리 주변에서 일어나는 의미 있는 우연들을 말한다. 하지만 이건 그저 우연이 아니라 우리의 내면과 우주가 소통하는 방식이다. 쉽게 말해서 우리 마음의 상태가 변하면, 그와 비슷한 에너지를 가진 경험이나 사람들을 만나게 된다. 이건 마치 라디오 주파수를 맞추는 것과 비슷하다. 우리의 '주파수'가 바뀌면, 그에 맞는 '방송'을 받게 되는 것이다. 우주는 서로 어울리는 것들이 함께 모이는 원칙으로 움직인다. 우리가 더 깨어있고 주의 깊어지면, 전에는 못 봤던 신호들을 보기 시작한다. 이렇게 우리와 우주 사이의 대화가 시작되는, 결국 동시성은 우리가 우주와 연결되어 있다는 걸 보여주는 하나의 방식이다. 우리의 내면 상태가 바뀌면 외부 세계도 그에 맞춰 변화하는 걸 경험하게 된다. 이러한 현상들을 이해하고 받아들이면 우리 삶이 더욱 풍요롭고 의미 있게 변할 수 있다. 더불어 귀신에 대한 인식도 하나의 에너지로 볼 수도 있다. 귀신은 그렇게 말하면 과학적으로 온다는 것도 된다. 우리는 모두 더 큰 무언가의 일부이며, 우주와 끊임없이 대화하고 있는 중이다.

⋯ 이것도 우주가 우리에게 보내는 메시지가 아닐까?

"인간은 우주의 퍼즐 한 조각에 지나지 않는다." 이 문구는 인간은 우주의 한 부분으로 심오하게 연결되어 있다는 뜻이다.

인간 각자는 우주의 설계도에서 중요한 역할을 담당하고 있다. 인간은 우주 에너지의 작은 수신자이자 동시에 발신자다. 우리가 살아가는 매 순간은 우주와 끊임없이 소통하는 과정에 있기 때문이다. 우주의 신비로움은 때로 우리에게 경외심과 경이로움을 불러일으킨다는 것을 알면서도 대부분의 사람들은 이 소통의 깊이를 인지하지 못한다. 아니 간과한다. 우리는 종종 고정된 삶의 궤도에 갇혀 우주의 무한한 가능성을 외면하고 있다.

우주 에너지는 춤추듯 잘 맞추어야 하고, 리듬을 타야 한다. 인간은 우주의 부속물로서 우주가 운위된다. 일조하는 데 사명이 있다. 비록 우리 인간은 거대한 우주라는 무한한 공간에서 퍼즐의 한 조각에 불과하지만, 그 조각은 결코 작지 않다. 소임을 못 한다면 우리들 라이프 힐링에 스크래치가 난다. 그러나 잘 활용하면 우리 인간들은 아프지 않고 모든 것이 평안하며 순조롭고 잘살게 된다. 그렇다면 어떻게 하면 될까? 어떻게 이 우주 에너지를 나의 것으로 이용할 수 있을까?

현재 지금의 삶이 평온함이 있다면 모르거니와 그렇지 않다면 발기해야 한다. 고정된 채 있다면 지금 그대로의 삶에 지나지 않을 것이다. 발기한다는 것, 그것은 우회전 즉 우측으로 도는 에너지를 이해하고 붙잡는 것이다. 우주는 그 답을 항상 존재시킨다. 누구에게나 이것은 신비로운 일이며, 놀라운 일이다.

아무리 살펴도 우주 에너지는 호기심으로 가득 채워도 된다. 명징하게 논증할 수 있는데, 이것은 물리학적 현상에 근거한 과학이라는 데 더 흥미가 있다. 우주 에너지를 체험한다는 것은 누구나 감동할 일이다.

그것은 결코 쉽지 않은 일이기도 하다. 아주 간단하면서 단순한 답이지만 각 개인에게 뿌리 깊이 박힌 부정적인 의식 누구나 가지고 있는 확증 편향 때문이다. 조금만 열린 시각으로 인식을 바꾼다면 가능하다.

현대 우리 사회는 원인 모를 신체적 통증을 겪고 있는 사람들이 부지기수로 많다. 한 집 건너 한 집은 거의 현대적 병마와 싸우고 있다. 원인 모를 신체적, 정신적 고통에 시달리고 있다.

정신분열증, 암, 난치병 등 심각한 질환을 앓거나 치매, 알츠하이머, 우울증 등의 질환으로 고통받거나 만성 피로와 지속적인 신체 통증을 겪고, 수면 장애와 잦은 두통을 겪는 스트레스와 트라우마로 힘들거나 가족 질환으로 인한 스트레스나 불편함을 겪고 여러 병원을 전전하며 희망을 잃은 사람들!

또한 일상과 계획이 원활히 진행되지 않아 문제를 겪거나 자기 삶이 불운하고 이것저것 해봐도 잘 풀리지 않는다고 느끼거나 두려움이나 불안을 갖고 개인적인 목표나 욕구를 추구할 용기가 부족한 사람들이 너무나도 많다.

이 모든 고통은 우리가 우주 에너지와의 조화를 상실했음을 말한다. 다시 한번 부언하면 우주 에너지, 즉 우회전 에너지를 이해하고 붙잡는 것, 그것이 바로 해답이다.

그럼 어떻게 해야 하는지 구체적으로 알려달라고 할 것이다. 더 이상 어떤 증빙이나 처방기술에 대하여 요구할 수도 있다. 누차 말했듯이 필자가 직접 측량하고 바로 우주 에너지를 당겨서 고정한다고밖에 할 말이 없다. 단지 그 에너지가 어떤 것인지, 어떻게 작용하는지 물리학적 측면에서 이해를 돕고 이론을 설명할 뿐이다.

좀 더 명료한 인식을 위해서 우리 내면의 부정적 인식의 틀을 깨뜨리는 과정이다. 바라는 것이 있다면 고정관념에서 벗어나 우주의 무한한 가능성을 바라보는 것, 그것이 진정한 치유의 시작으로 필자는 보고 있다. 우주는 언제나 우리에게 답을 준비하고 있다. 지금 필요한 것은 단지 열린 마음과 긍정뿐이다.

17세기 데카르트의 이원론적 사고방식에서 찾아볼 수 있다. 그는 몸과 마음을 분리하여 마음은 종교에 위임하고, 몸만을 과학의 영역으로 남기게 되었다고 하였다. 그러나 현대 물리학의 토대인 양자역학의 등장으로 물질과 의식을 하나로 인식하는 새로운 시각을 갖게 되었다. 무당이 시퍼런 작두 위에서 춤을 춘다. 육체와 칼날이 한몸이 되어 흐르는 것이다.

또한 의식은 물질과 별개가 아니라 관측하는 순간 결과가 달라질 수 있음이 이중슬릿 실험으로 증명되었다. 이에 몸과 마음이 연결되었다는 양자물리학자 '데이비드 봄'의 양자물리학에서 접근하면 찾아진다.

138억 년 우주의 나이를 들으면 어떤 생각이 들까? 필자는 한없이 작아지는 느낌이 든다. 하지만 동시에 가슴이 뛰기도 한다. 우리에게도 그만한 가능성이 있다는 생각 때문이다.

우리의 삶은 때로 미로 같아서 계획한 일들이 하나둘 어그러지고, 꿈꾸던 성공은 점점 멀어져 가는 것 같다. 불운이 그림자처럼 따라다니고, 두려움과 불안이 우리의 발목을 잡을 때도 있다.

하지만 우주는 우리에게 항상 희망의 문을 열어두고 있다. 마치 숨겨진 비밀의 열쇠 같은 우주 에너지가 있다. 이 에너지는 우리에게 새로운 생명력을 불어넣고 긍정적인 변화를 약속한다.

병원에서 포기했던 환자들, 실패를 겪은 기업가들, 새로운 시작을 꿈꾸는 은퇴자들, 더 나은 미래를 그리는 리더들…. 우리 모두에게 이 에너지는 새로운 희망이 될 수 있다. 우리의 삶이 짧고 불확실할지라도, 그 안에서 우리는 우리만의 작은 우주를 만들어갈 수 있다. 오늘 하루, 우주가 보내는 작은 신호에 귀 기울여보는 건 어떨까? 그 속에서 우리는 새로운 가능성을 발견할 수 있을 것이다.

우리는 모두 우주의 작은 별이라고 생각하자. 비록 작지만, 우리 각자의 빛으로 이 세상을 밝히고 있으니. 오늘도 우리들의 별이 밝게 빛날 것이다.

"이것도 우주가 우리에게 보내는 메시지가 아닐까?"

우리의 잠재력을 깨우는 생각의 힘!

우회전 에너지는 그렇게 아직 일반인들에게 알려지지 않은 에너지에 속한다.

많은 이들은 이를 믿지 않을 것이다. 일단 이 에너지에 대한 지식이 없어서 잘 모를 것이고, 알려준다 해도 이 에너지의 지대한 효능에 대하여 "말도 안 돼." 하고 자신이 과학자가 된 양 속으로 웃을 것이다. "세상에 그런 게 어디 있어? 뻥 치고 있네~." 하고 황당해할 것이다. 하지만 우회전 에너지가, 아니 그 효능이 사실이라면 어떻게 할 것인가? 입가에 옅게 미소를 떠올려본다.

이것은 아주 도발적인 사건이다. 이보다 더한 놀라운 일은 없을 것이다. 사실 필자도 그랬다. 믿지를 않았던 것이다. 눈앞에서 필자의 에너지를 측량하고 퍼센트(%)까지 보여주었는데도 믿기지 않았다.

아마 측정자는 누구나 똑같은 반응을 보일 것이다. 하지만 인식하게 된다. 우주의 신비로움은 우리의 상상을 훨씬 뛰어넘는다는 것을. 우리의 인식과 한계를 뛰어넘는 에너지! 우리의 잠재력을 깨우는 신비한 힘! 우리가 귀 기울여야 한다며 우주는 우리에게 끊임없이 메시지를 보내고 있다. 이 에너지는 단순한 신비한 현상을 넘어 우리의 삶을 근본적으로 변화시킬 수 있는 놀라운 잠재력을 지니고 있기 때문이다.

　필자는 누구든, 어디든, 그가 무엇을 하든, 열린 마음으로 원한다면 그 우주 에너지를 착상시켜 놓을 수 있다. 그렇게 되면 근본적인 힘으로 새로운 에너지와 희망이 자신의 삶에 응원처럼 달라붙는다. 우리는 우리의 한계를 인정하면서도 이상을 향하여 끊임없이 도전할 때 삶의 동력을 얻게 된다. 하지만 아무리 활력 진 에너지를 당겨 안았다고 해도 긍정적인 생각과 생활 패턴은 스스로 노력하고 가꾸어 나가야 하는 조건이 붙는다.

　나 자신을 탐구하는 노력, 다양한 방법을 통한 나의 믿음 체계, 신념 체계를 지속적으로 점검하고, 내가 흥미, 기쁨, 열정을 느끼는 일 들을 탐색하며 나 자신을 알아가려는 노력을 경주해야만 진정한 우주의 에너지를 체득한 한 사람으로서 본분을 다할 수 있다.

　어쩌면 이러한 과정에서 끊임없는 시행착오가 따를 수도 있겠지만, 우리가 흔히 실패라고 부르는 사건 또한 우주가 동시성을 통해서 보내는 또 하나의 사연이니, 우리는 이 신호를 신속하게 알아차리고 목표를 수정해 나가면 된다.

　우주 역사는 우리에게 겸손을 가르치지만, 동시에 무한한 가능성을 보여주기도 한다. 우리의 삶은 비록 짧고 불확실할지라도 그 안에서 우리는 여전히 우리만의 우주를 창조할 수 있지 않을까?

　솔직히 아무리 선택받은 사람도 우리의 삶은 때로 미로 같은 여정이다. 일상이 꼬이고, 계획은 산산조각 나며, 성공에 대한 열망은 점점 더 멀어져만 가는 듯할 때도 있다. 불운의 그림자가 우리를 따라 다니고, 두려움과 불안은 우리의 꿈을 옭아매도 우주는 우리에게 희망의 문을 언제나 열어두고 있다. 우리 주변을 둘러보면, 다양한 꿈과 열정을 품은 이들을 만날 수 있다. 성공과 성장을 갈망하는 기업가들, 은퇴 후에도 새로운 도전을 꿈꾸는 퇴직자들, 더 나은 세상을 만들고자 하는 열정 넘치는 이들까지. 그들 모두에게 공통적으로 필요한 것이 있다면, 바로 우주의 긍정적 에너지일 것이다.

야심 찬 리더십을 꿈꾸는 정부나 조직의 리더들에게도 이 에너지는 필수적이다. 그들의 결정과 행동이 많은 이들에게 영향을 미치기에, 긍정적이고 활기찬 에너지로 충만할 때 더 나은 리더십을 발휘할 수 있을 것이다.

세상에 긍정적인 변화를 만들고자 하는 열정을 가진 사람들 역시 필자가 주창한 우주 에너지 힘을 빌릴 수 있다. 그들의 순수한 열정과 우주의 긍정 에너지가 만날 때, 우리 사회는 더욱 밝고 희망찬 모습으로 변모할 수 있을 것이다.

이 에너지 '우주 백신'은 단순한 개념이 아니다. 그것은 우리 내면의 잠재력을 일깨우고, 우리를 둘러싼 우주와의 조화를 이루게 하는 열쇠이다. 우리가 이 에너지에 마음을 열고 받아들일 때, 우리의 삶은 더욱 풍요롭고 의미 있게 변화할 것이다.

여러 번 강조해도 모자랄 만큼 이 긍정적인 에너지의 중요성은 크다고 할 수 있다. 그것은 우리의 활력을 증가시키고, 삶의 모든 영역에서 긍정적인 변화를 이끌어낸다.

필자도 처음 우회전 에너지에 대해 들었을 때, 반신반의 부정적인 반응이었다. "말도 안 돼", "그런 게 어디 있어?" 하지만 필자의 눈앞에서 일어난 일을 부정할 수 없었다. 직접 눈앞에서 에너지를 측정하고 퍼센트까지 보여주는 걸 보고 나서 필자는 천천히 이 신비로운 힘의 존재를 파고들기 시작했다. 워낙 호기심이 많은 탓도 있었지만, 일단 긍정으로 보는 측면이 강했다. 더욱이 선생님이 평생 해오신 일이라는데 한번 파악해 봐야겠다고 생각했던 것이다. 만약 별 쓸데없는 사이비라고 내쳤으면 끝났을 터였다. 그러나 지금은 보람이 있고, 사명이 되었다. 긍정의 힘이었다.

우주는 우리의 상상을 훨씬 뛰어넘는다. 우주 에너지 중의 우회전 에너지도 그중 하나인데 사실 이것이 가장 중요하다. 이 에너지는 우리의 잠재력을 깨우고, 삶을 근본적으로 변화시킬 수 있는 힘을 가지고 있기 때문이다. 이것은 강력하다. 그러므로 이 에너지는 누구에게나 열려있다. 그가 누구건, 어디에 있든, 무엇을 하든 상관없다. 그가 열린 마음만 있다면, 이 우주 에너지를 그의 삶으로 끌어들여 그의 것이 될 수 있다.

이 에너지를 당기면 놀라운 일이 일어난다. 새로운 희망과 힘이 생기고, 삶에 대한 새로운 맑음이 형성된다. 마치 누군가 응원해 주는 것 같은 느낌이 든다.

물론 아직도 이 에너지에 대해 의심하는 분들이 많다. 하지만 우리의 한계를 인정하면서도 새로운 가능성에 도전할 때, 우리는 진정한 성장을 경험할 수 있다. 이 놀라운 우주의 신비를 탐험해 보면 우리들 삶에 어떤 변화가 일어날지 알 것이다.

지금 세상은 화성으로 로켓을 쏘아 올리는 시대이다. 로봇이 자유자재로 인간도 넘기 힘든 텀블링을 하고, AI 챗봇이 0.2초 안에 수학 문제를 뚝딱 해치우는 시대다. 우리의 시선도 이제 우주적 관점으로 확장해야만 한다. 생각은 정말 강력하다. 그것은 우리의 운명을 만드는 씨앗이다.

우리는 모두 살면서 한 번쯤 '왜 하필 나에게?'라는 생각을 해봤을 것이다. 마치 머피의 법칙처럼 모든 일이 꼬이고, 운명이 우리를 시험하는 것만 같은 순간들 말이다. 직장에서의 어려움, 꿈꾸던 성공이 멀어지는 것 같은 느낌, 또는 그저 일상의 작은 좌절들…, 이런 순간들이 모여 우리를 지치게 한다.

하지만 여기서 포기하면 안 된다. 오히려 이럴 때일수록 '기운'을 차려야 한다. "우회전 에너지를 잡는다"는 말, 이는 단순한 미신이 아니다. 우리의 삶을 긍정적으로 바라보고, 끈기 있게 나아가겠다는 의지를 뜻하는 것이다.

지금 힘든 시기를 겪고 있다면? 하는 일마다 안 된다고 느낀다면? 또는 더 나은 직장, 더 높은 지위를 꿈꾸고 있다면? 그렇다면 지금이 바로 새로운 기운을 불어넣을 때다.

이 새로운 기운, 즉 긍정적인 에너지는 마법처럼 우리의 삶을 변화시킬 수 있다. 단지 나 혼자만이 아니라 가족, 이웃, 그리고 주변 모든 이들의 삶까지 밝게 만들 수 있는 힘이다.

하지만 여기서 중요한 것은 이 에너지를 어떻게 '잡아두느냐'이다. 이는 마치 독수리 날갯짓과 같다. 하늘을 활강하는 날개를 펼친

독수리. 이 에너지를 잡아두는 것, 그것이 바로 새로운 인생을 살게 하는 비밀 열쇠이다.

그럼 어떻게 하면 이 에너지를 잡을 수 있을까? 매일 아침 감사한 일들을 떠올려보는 것도 좋고, 작은 목표를 세우고 하나씩 이뤄나가는 것도 좋다. 더불어 우주 저 먼 쪽 은하수의 기운을 받아야만 한다. 그것은 에너지 '우주 백신'이며, 백신은 우리 모두에게는 삶을 변화시킬 수 있는 힘이 있다. 그 힘을 믿고 붙잡으면 어느새 우리의 인생이 새롭게 빛날 것이다.

● ● ●
에너지는 끊임없이 확장되고 순환한다

우주가 생긴 것은 138억 년 전이라고 물리학자들이 말하고 있다. 우주의 광대함과 인간의 한계를 마주하며, 우리는 종종 자신의 존재와 운명에 대해 깊은 의문을 품게 된다.

138억 년의 우주 역사에 비하면 인류의 역사는 불과 한순간에 불과하다. 그러나 이 짧은 시간 동안 우리는 놀라운 과학적 성취를 이루었고, 동시에 여전히 설명할 수 없는 수많은 미스터리에 둘러싸여 있다. 현대 과학은 우주의 에너지를 탐구하며 자부심에 차있지만, 실상 우리가 아는 것은 극히 일부에 불과하다.

근래 산업 혁명이 일어난 게 몇천 년 전이 아니다. 고작 200년여 전이다. 석탄을 사용하여 물을 끓이고 동력을 이용할 줄 알게 되면서 증기기관차를 만들고 산업 혁명기를 맞이했고, 로켓 기술로 달나라에 가고, 최근에는 컴퓨터 핸드폰 AI 챗봇이 활개 치는 인공지능 시대까지 왔다. 그러나 고작 약 200년 정도밖에 안 되는 세월이다. 우리는 200년밖에 안 되는 짧은 과학과 지식으로 138억 년 전부터 태동한 우주를 다 알고 있는 듯이 단정하고 있다. 때론 미스터리로 미신으로 신비할 뿐이라며 무시하곤 한다.

무당이 작두 위에서 춤추고, 미라를 발견한 사람들이 원인 모르게 죽고, 소원을 빌면 바위가 들리고 하는 등등의 과학적으로 설명이 안 되는 초과학적인 일들이 세계 곳곳에서 일어나지만, 그냥 흘려버리는 일이 다반사이다. 그저 희한한 또는 이상한 일일 뿐이다. 그런 일들이 얼마나 많이 일어나는가? 무당이 처방해 주는 부적이 어떻게 그 효능을 발휘하는지 그저 그렇네 하고 지나가 버린다. 이렇게 봐도 저렇게 봐도 모르는 기적에 속하는 것 같기만 한 것으로 알고 있다.

우주의 에너지 중 96%는 여전히 미지의 영역으로 남아있는데, 이는 우리의 지식이 얼마나 제한적인지를 보여주고 있다. 인생의 난관에 부딪힐 때, 우리는 종종 운명의 무게에 짓눌린다고 느낀다. 머피의 법칙처럼 모든 것이 잘못되는 것만 같고, 성공과 명예는 요원해 보인다.

그러나 여기서 중요한 것은 포기하지 않고 '기운'을 차리는 것이다. 우회전 에너지를 잡는다는 것은 단순한 신비주의가 아니라 삶에 대한 긍정적인 접근과 끈기를 의미한다. 그것은 우주 에너지 중 96%의 아직 모르는 에너지이다.

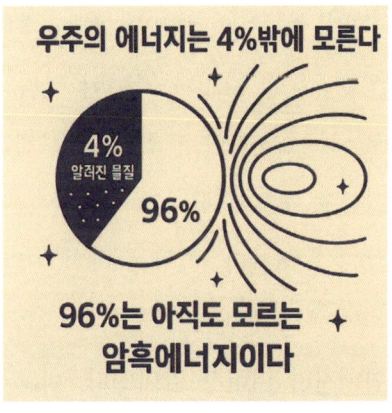

만약 당신이 운명의 풍파 속에 시달리고 있다면, 또는 기구한 삶을 살고 있다고 생각된다면 어떻게 해야 할까? 늘 하는 일마다 머피의 법칙처럼 안 되는 것 같다고 회의가 든다면, 직장을 갖고 싶

거나 유수단체장 또는 정치가로 뜻이 있어 좀 더 우월해지고 명예를 갖고 싶다면 어떻게 해야 할까?

기운을 차려야지 기를 불어 넣어주어야 한다. 나 한 사람의 인생 그리고 나와 연관된 사람들까지도 바꿀 수 있는 일이다. 그러나 중요한 것은 어떻게 이 에너지를 잡아놓느냐 하는 것이다. 새로운 인생을 살게 하는 비밀 열쇠가 바로 '우주 백신'을 맞는 것이기 때문이다.

우주의 한 사람으로서 각 사람은 하늘 저쪽 은하수 끝에서부터 존재하게 된 우주의 기가 있다. 그것은 태어나면서 부여된 것이다. 만약 현재의 인생이 잘 나가거나 고달프다면 그 에너지를 측정해 보면 확실한 정도의 우주 기운이 측량된다.

만약 넓게 펼쳐지면 그대로 놔두어도 무난하지만, 안으로 좁혀 오그라들면 그것을 잡아야 한다. 이것은 지혜롭게 해야 하는 것으로, 하늘의 기와 땅의 기와 신체적 기를 모두 체크해 보아야 한다. 그리고 체크가 끝나면 정갈한 자세로 정신적, 물리적 두 방향의 처방이 들어간다. 처방을 하면 기와 우주 에너지가 조화롭게 어우러지며 우리의 몸과 마음은 균형을 이룬다. 그렇게 되면 일단 가슴이 편해지며 머리가 맑아진다. 바로 진정한 호전 상태로 진정되는 것이다. 측정 도구에는 바로 그것이 나타나지만, 측정자의 상태는 빠르면 일주일에서 보름 늦게는 한 달 내로 나타난다. 조용하면서도 은밀하게 서서히 증상 호전이 바람처럼 스민다. 이 에너지의 흐름에 귀 기울이고, 그것과 조화를 이루려 노력한다면 우리는 더욱 건강하고 행복한 삶을 살 수 있게 된다.

　우주는 우리의 상상을 훨씬 뛰어넘는 신비로 가득 차있다. 우리가 미처 알지 못하는 에너지들이 우리 주변을 감싸고 있다. 이 에너지들은 우리의 잠재력을 깨우는 신비한 힘을 가지고 있다.

　가만히 귀 기울여보자. 우주가 우리에게 끊임없이 메시지를 보내고 있다는 걸 느낄 수 있을 것이다. 이 메시지는 우리의 삶을 근본적으로 변화시킬 수 있는 놀라운 잠재력을 담고 있다.

　필자가 깨달은 놀라운 사실은, 이 우주 에너지가 누구에게나 열려있다는 것이다. 그가 누구든, 어디에 있든, 무엇을 하고 있든 상관없다. 열린 마음만 있다면, 이 에너지를 자기 삶에 끌어들일 수 있다. 이 에너지를 받아들이면 신기한 일이 일어난다. 새로운 희망과 활력이 생기고, 마치 우주가 우리를 응원하는 것 같은 느낌이 든다. 삶에 전혀 다른 모습으로 보이기 시작한다. 우리는 우주의 작은 일부분이지만, 동시에 우주 전체와 연결되어 있기 때문이다. 이 놀라운 연결성을 인식하고 살아가는 것, 그것이 바로 기와 우주 에너지가 우리에게 가르쳐주는 지혜이다.

이것에 대한 논증은 양자장에 잘 나타나 있다. 그래서 필자는 이 에너지에 대한 이해를 돕기 위해 간간이 이 양자 에너지를 삽화처럼 예시하였다. 이것은 우리 인체를 이해하고 치유하는 새로운 패러다임이다. 아직 양자역학을 미지의 세계이다. 오늘날 탐구하는 수준에 머물러 있는 과학계이지만, 많은 부분에서는 이미 실제로 수용되고 활용되고 있기도 한다. 더불어 필자가 주창하는 우주 백신에 대한 이론적 논리 또한 다른 에너지들도 있지만 이 양자장이 잘 설명시켜 주고 있다.

우주 백신은 알 듯 모를 듯 신비한 존재이다. 우리에게 보이지 않는 세계의 존재를 일깨워준다. 우리는 종종 눈에 보이는 것만이 전부라고 생각하곤 하지만, 동서양의 오랜 지혜는 그 중심에 기라는 신비로운 에너지가 있으며, 그것을 효용한다.

기는 단순히 몸 안에 머무는 것이 아니라 정신과 육체를 연결하고 우리를 자연과 하나로 만드는 역할을 한다. 그래서 기의 원활한 흐름은 건강과 행복의 열쇠라고 믿는다.

서양에서도 이와 유사한 개념들이 있지만 그 본질은 동양의 기와 크게 다르지 않다. 이는 인간과 자연, 그리고 우주 사이의 보이지 않는 연결고리를 설명하려는 노력이었다.

현대에 이르러 이러한 개념들은 새로운 모습으로 재해석되고 있다. 대체 의학에서는 에너지 치유라는 이름으로, 과학계에서는 양자역학의 렌즈를 통해 이를 바라보고 있다. 비록 전통적인 과학의 틀 안에서 완전히 설명되지는 않지만, 이러한 시도들은 우리가 아직 완전히 이해하지 못한 세계에 대한 호기심을 자극한다. 우주 에너지는 끊임없이 확장되고 순환한다. 별과 별 사이, 행성과 행성 사이, 그리고 모든 생명체 사이를 관통하며 흐른다. 우리는 이 거대한 에너지의 흐름 속에서 작은 부분을 차지하고 있지만, 동시에 그 흐름에 영향을 미치는 존재이기도 하다.

그래서 우리의 우주 에너지는 교감이다. 과학적으로 증명되었는지와 상관없이, 우리에게 체험되는 경험은 우리에게 위안과 활력을 준다.
우리가 살아가는 이 세상은 여전히 많은 비밀을 품고 있다. 기와 우주 에너지 같은 개념들은 그 비밀의 한 조각을 들여다보는 창문이다. 이를 통해 우리는 자신과 세상, 그리고 우주와의 깊은 연결성을 느끼며, 더 큰 조화를 향해 나아갈 수 있다.
기 에너지와 우주 에너지의 개념은 인간과 우주의 연결성을 설명하려는 시도이다. 이러한 개념들은 현대 과학의 관점에서 완선히 입증되지는 않았지만, 인간의 건강과 우주와의 조화를 이해하는 데 중요한 철학적, 문화적 의미를 지닌다.

세상에는 과학으로 설명하기 어려운 일들이 종종 일어난다. 미라를 발견한 사람들이 원인 모르게 죽는다거나, 소원을 빌면 바위가 들린다는 이야기를 듣는다. 무당이 써 준 부적이 신기한 효과를 발휘한다는 소문도 있다. 우리는 이런 일들을 그저 희한하다, 이상하다고 말하며 넘겨버린다.
오늘 이해하지 못하는 현상이 내일은 새로운 과학의 영역이 될 수 있다.

이제 환경이 변화하기를 기다리지만 말고, 지금 원하는 미래의 감정을 먼저 창조해야 한다. 그러면 감정의 반작용 현상이 발생해서 그에 상응하는 현실이 창조된다.

제9장

생각은 우리 뇌 속에
새로운 길을 만든다

생각은 우리 뇌 속에 새로운 길을 만든다

생각은 정말 강력하다. 우리의 생각은 단순한 이상이 아니다. 그것은 우리의 운명을 만드는 씨앗이다. 우리가 무언가를 생각하고 수렴할 때마다, 우리 몸 안에서는 놀라운 변화가 일어난다. 마치 작은 화학 공장처럼, 새로운 물질들이 만들어지는 것이다.

특히 긍정적인 생각을 자주 하면 우리 뇌 속에 새로운 길이 만들어진다. 이 길을 따라 좋은 생각들이 더 쉽게 오갈 수 있게 되는 것이다. 마치 숲속에 새 길을 내는 것처럼, 처음에는 어렵지만 자주 다니다 보면 점점 편해진다.

우리의 뇌와 몸을 새롭게 프로그래밍하는 것도 가능한데, 명상을 하거나 감동적인 것을 보거나 들을 때, 우리 뇌는 마치 그 일이 정말로 일어난 것처럼 반응한다. 이런 경험을 통해 우리는 새로운 가능성을 향해 한 걸음 나아갈 수 있다.

하지만 이런 변화가 항상 쉬운 것은 아니다. 처음에는 어색하고 의심스러울 수 있다. 우리 안의 오래된 습관들이 변화를 거부하기 때문이다. 마치 편한 옷을 벗기 싫어하는 것처럼, 우리의 오래된 생각들도 현재에 안주하려고 한다.

그래도 포기하지 말고 불편함을 느끼더라도 계속해서 새로운 것을 추구하면 우리 뇌 속의 새 길은 조금씩 더 넓어지고 단단해진다. 시간이 지나면 그 길을 걷는 것이 자연스러워진다. 우리의 긍정은 정말로 힘이 세다. 그것은 우리의 몸을 변화시키고, 우리의 운명을 바꿀 수 있다.

그렇다면 생각 근육을 어떻게 키울 수 있는가? 처음 보는 TV 광고를 떠올려보자. 어색하고 이상하게 느껴질 것이다. 하지만 그 광고를 여러 번 자주 보다 보면 어느새 익숙해져 있는 자신을 발견하게 된다. 이것이 바로 '단순 반복 접촉 효과'의 힘이다.

우리의 마음도 이와 비슷하다. 새로운 생각이나 습관을 시작할 때는 어색하고 불편할 수 있다. 하지만 계속 반복하다 보면, 마치 오래된 친구처럼 편안해진다. 운동 또한 그렇다. 처음 헬스장에 갔을 때, 무거운 역기를 들어 올리는 것이 여간 힘든 게 아니다. 하지만 꾸준히 운동을 하다 보면 점점 더 무거운 무게를 들 수 있게 된다. 우리의 근육이 강해지는 것이다.

마음의 근육도 마찬가지다. 긍정적인 생각을 자주 하면 할수록, 그런 생각을 하는 것이 더 쉬워진다. 마치 뇌 속에 '생각의 근육'이 생기는 것처럼 말이다.

그래서 새로운 습관이나 생각을 시작할 때는 인내심이 필요하다. 처음에는 어색하고 불편할 수 있다. 하지만 포기하지 말고 계속 반복할 때, 시간이 지나면 그것이 자신의 일부가 되어있는 것을 보게 된다. 작은 것부터 시작해야 한다.

가령 매일 아침 거울을 보며 "오늘도 좋은 하루가 될 거야."라고 자신에게 말해 본다. 처음엔 쑥스러울 수 있지만, 계속하다 보면 자연스러워진다. 그리고 어느새 하루가 정말로 좋아지고 있음을 느끼게 된다. 어려운 일이 생겨도 '이 또한 지나갈 거야.'라고 생각해 보면 시야가 달라진다. 우리의 마음은 훈련할 수 있다. 작은 생각의 씨앗들이 모여 싹이 트는 것이다. 꾸준히 생각하고 긍정하고 반복하면, 어떤 습관도 고정할 수 있다.

그렇다면 생각과 몸이 얼마나 깊이 연결되어 있는지를 살펴보자. 우리가 부정적인 생각을 하거나 나쁜 감정에 빠질 때, 그것은 단순히 마음의 문제로 끝나지 않는다. 놀랍게도 이런 생각과 감정들은 우리 몸속 아주 작은 부분까지 영향을 미친다.

우리 몸속에는 '미토콘드리아'라는 아주 작은 에너지 공장이 있다. 부정적인 생각들은 이 작은 공장들을 자극해서 몸 전체의 균형을 무너뜨린다. 마치 맑은 물에 잉크 한 방울을 떨어뜨리는 것처럼, 부정적인 에너지가 우리 몸 전체로 퍼져 나가는 것이다.

동양의 지혜는 우리 몸에 '차크라'라는 에너지 중심이 있다고 한다. 이 차크라는 우리 몸 곳곳에 생명력을 전달하는 중요한 역할을 하는 것이다. 하지만 부정적인 생각과 감정이 이 차크라의 흐름을 방해한다. 마치 맑은 강물에 쓰레기를 던져 물살을 막는 것과 같다.

 차크라의 흐름이 막히면 우리 몸의 여러 부분이 약해지기 시작하는데, 처음에는 작은 불편함으로 시작하지만 시간이 지나면 더 큰 건강 문제로 이어질 수 있다. 그래서 우리는 마음의 건강에 더 많은 관심을 기울여야 한다. 긍정적인 생각을 하고, 좋은 감정을 키우는 것은 단순히 기분 좋은 일이 아니다. 그것은 우리 몸 전체의 건강을 지키는 중요한 방법이다.

 매일 조금씩 시간을 내어 긍정적인 생각을 하는 연습을 하고, 감사한 일들을 떠올려보거나 좋아하는 일을 하면서 행복한 감정을 느껴보도록 힘쓴다. 그러면 이런 작은 노력이 모여 우리의 마음과 몸을 더욱 건강하게 만들게 된다.

 "건강한 마음이 건강한 몸을 만든다."라는 말은 우리의 몸과 생각의 연결을 의미한다. 마음과 몸에 좋은 생각 에너지를 채워나가다 보면 보다 더 하는 일마다 잘되고 건강한 삶을 살 수 있다.

 여기서 한 가지 더, 공명이란 것이 있다. 음악을 들을 때 몸이 저절로 반응하는 것을 바로 '공명[물리학에서 특정 진동수(주파수)에서 큰 진폭으로 진동하는 현상을 의미한다. 이 현상은 고유진동수를 가진 물체가 외부로부터 같은 진동수를 가진 힘을 받을 때 발생하며, 이를 통해 작은 힘으로도 큰 에너지를 전달할 수 있다.]'이라는 현상인데 놀랍게도 우리 몸은 음악뿐만 아니라 우리의 생각에도 이렇게 반응한다.

 더불어 우리 몸의 모든 장기는 각자가 고유한 '진동수'를 가지고 있다. 마치 서로서로 다른 음을 내는 악기들처럼 말이다. 이 진동수들이 서로 잘 맞으면 우리 몸은 건강하게 유지되는 것이다. 이 조화가 깨지면 몸에 문제가 생기기 시작한다.

더 놀라운 것은 우리의 감정과 생각도 이런 진동을 만든다. 행복한 생각을 하면 우리 몸에 좋은 진동이 퍼지고, 슬프거나 화난 생각을 하면 나쁜 진동이 퍼진다.

그래서 긍정적인 생각이 그렇게도 중요한 것이다. 성공한 사람들의 비밀을 들여다보면, 그들은 모두 긍정적인 생각으로 가득 차있음을 알게 된다. 원래 우주 에너지도 양(陽), 활기이기도 하지만 그들은 불가능해 보이는 목표도, 더 큰 부도, 좋은 인간관계도 모두 긍정적인 생각에서 시작되었다.

우리가 계속해서 플러스 쪽으로 생각하면, 우리 뇌에도 변화가 일어난다. 두려움을 느끼는 부분은 잠잠해지고, 대신 창의적이고 현명한 생각을 하는 부분이 활발해진다.

생각은 신체에 새로운 생화학적 현상을 만들어내는 묘한 존재다. 정기적으로 반복하는 상상, 확인 등은 새로운 신경 경로를 만들 수 있다.

새로운 가능성을 위한 뇌와 몸을 프로그래밍하는 방법은 뇌를 재구성하고, 자신의 DNA를 재프로그래밍 하는 것이다. 명상 중에 또는 어떤 사물을 보거나 말을 듣고 깨달음을 느낄 때, 즉 명확한 의도와 고양된 감정을 경험할 때 우리의 뇌는 마치 사건이 일어난 것처럼 재구성하기 시작한다.

하지만 모든 것이 그렇듯 변화를 거부하므로 처음에는 그렇게 느껴지지 않고 어색하고 의심스러울 수 있다. 제한적 이유, 깊은 두려움은 우리를 현재에 붙어두려 서항한다. 이것은 일싱에 인주히길 바라는 옛 신경 패턴이 현재를 유지하려고 지향하는 것인데, 매우 불편함으로 다가오게 된다. 하지만 이기심과 두려움에도 불구하고 의도적으로 계속할 때마다 우리의 뇌는 새로운 신경회로를 강화하게 된다.

이 프로그램은 더 많이 실행될수록 더 자연스럽게 된다. 정기적인 신체 운동이 신체 근육을 강화하듯, 반복적인 정신 운동은 뇌의 사고 경로를 강화한다. 한데 부정적인 감정을 갖게 되면 육체의 미토콘트리아를 자극하고, 이것이 불균형과 부정적 에너지의 누적을 초래하여 병의 형태로 몸에 나타난다.

부정적인 감정은 정상적인 생명력의 흐름과 연결이 신체 속으로 전달될 수 있기 때문이다. 생명력 에너지의 흐름이 필요한 인간 에센스('본질' 또는 '정수'를 의미하며, 어떤 물체나 개념의 핵심을 가리킨다.) 차크라 순환계를 통해 흐르는 부정적인 정신적, 감정적 에너지 패턴이 신체로 흐르는 정상적인 에너지 흐름을 방해하는데. 이것이 차크라로 들어가는 흐름을 차례로 약화시키고 육체에 상용하는 영역을 약하게 하는 것이다. 그러므로 신체는 생각의 진동에 공명한다고 하겠다.

진동은 물리적 진동뿐만 아니라 물리적으로 감지되지 않는 진동도 인체의 여러 장기가 정상 상태로 회복시키는 역할을 한다. 신체의 모든 장기는 고유한 진동수가 있다. 진동수가 같으면 서로 조화를 이루며, 같지 않으면 배격한다. 또한 의식이 감정적, 정서적, 영적 상태의 파동도 진동에 공명한다.

성장을 이루고 더 큰 부를 축적하고, 풍요로운 인간관계를 이루고, 한때 불가능하다고 생각했던 목표를 달성하도록 도운 생각들은 모두 긍정에 있다. 긍정적 생각이다. 일관되게 긍정적인 방향으로 자신을 인식 인도할 때 두려움의 중심인 편도체(扁桃體, amygdala, 대뇌변연계에 위치한 아몬드 모양의 뇌 구조로, 감정 조절과 공포 관련 학습 및 기억에 중요한 역할을 한다.)는 진정되고, 고차원적 사고를 담당하는 전두엽이 새로운 활동으로 활성화한다. 이는 단순한 생각의 변화가 아닌, 뇌에 새로운 소프트웨어를 설치하는 것과 같다.

● ● ●
우리의 삶에 변화를 가져오고 운명을 통제할 수 있다면

우리의 삶에 변화를 가져오고 운명을 통제할 수 있다면, 그것이 야말로 새로운 인류 서사의 시작이 될 것이다. 우리의 약점, 우리의 생각, 우리의 처방, 그리고 나아갈 방향은 무한대다.

어떻게 에너지를 운영하는지, 이 에너지가 어떻게 영양을 주는지, 더욱 확장시킬 수 있는 노력은 없는지 알려주는 인류 문명화에 대한 서사를 시작한다.

필자는 오늘 우리 현대 문명의 한계와 미지의 영역에 대해 깊이 생각해 보았다. 과학이 발전했다고 하지만, 우리 주변에는 여전히 설명할 수 없는 현상들이 너무나 많다. 병마와 혼돈이 중첩되어 오는 현상들, 알 수 없이 일어나는 일들…, 이런 것들을 단순히 '미신'이나 '미스터리'로 치부해 버리는 것은 너무나 안타까웠다.

그렇다면 해답은 무엇일까? 우리의 확증편향(確證偏向, Confirmation bias, 자신의 기존 신념이나 가치관과 일치하는 정보만을 선택적으로 수용하고, 그에 반하는 정보는 무시하거나 거부하는 인지적 경향을 말한다.)에서 벗어나 우주의 무한한 가능성을 바라보는 것, 그것이 진정한 치유의 시작점이다.

단순한 신비주의를 옹호하는 게 아니라 오히려 우리 내면에 깊이 뿌리박힌 부정적 인식의 틀을 깨뜨리는 과정이다. 우주는 언제나 우리에게 답을 준비하고 있다. 우리에게 필요한 것은 단지 열린 마음과 긍정적인 태도뿐이다. 이러한 접근 방식을 통해 우리는 현대 사회의 복잡한 고통들로부터 벗어나, 우주와의 조화 속에서 진정한 치유와 평화를 찾을 수 있을 것이다.

17세기의 데카르트는 "몸과 마음을 분리하여 마음은 종교에 위임하고, 몸만을 과학의 영역으로 남기게 되었다."라고 말하였는데 다시 그의 말을 풀어보면 그는 몸과 마음이 다르다고 생각했다. 몸은 과학이 연구하고, 마음은 종교가 다루는 거라고 했다.

하지만 시간이 지나고 과학이 발전하면서 새로운 것이 생겼다. 양자역학이라는 어려운 과학이 나타났는데, 이게 몸과 마음을 다르게 보도록 만들었다.

양자역학은 이 세계에서는 보는 사람에 따라 결과가 달라질 수 있다. 이런 발견으로 과학자들은 몸과 마음이 서로 연결되어 있을지도 모른다고 생각하기 시작했다.

요즘엔 몸과 마음이 하나일 수 있다고 생각하는 사람들도 있다. 마음도 몸처럼 물질의 한 종류일 수 있다고 말하는 과학자도 있다.

우주 에너지와 조화를 이루는 것은 마치 춤을 추는 것과 같아서 리듬에 맞춰 움직이듯, 우리도 우주의 흐름에 맞춰 살아가야 한다. 우리는 단순한 부속품이 아닌, 우주의 운행에 기여하는 중요한 존재이다.

그래서 인간은 우주 에너지의 수신자이자 발신자라고 한다. 우리의 일상 속 모든 순간이 우주와의 끊임없는 대화라고 생각하면, 평범한 일상도 특별해진다.

이 특별한 일상으로 현대물리학의 토대인 양자장의 등장으로 물질과 의식을 하나로 인식하는 새로운 시각을 갖게 되었다.

이 에너지도 다른 에너지 토션장과 같이 100년 전에 등장했지만, 지금 우리는 이를 바탕으로 한 첨단기술의 혜택을 누리고 있다. 스마트폰, 컴퓨터, MRI 등 우리 주변의 많은 기술이 이런 과학 이론들에서 시작되었다.

이렇게 물리학의 새로운 이론들은 마치 씨앗처럼 천천히 자라나 우리 삶에 뿌리를 내린다. 처음에는 이해하기 어렵고 멀게만 느껴지지만, 시간이 지나면서 우리 일상 속으로 스며들어 큰 변화를 가져온다.

필자가 주창하는 휘선당착 요법도 이런 혁신의 흐름 속에 있다. 우회전 에너지라는 새로운 개념이 분명 미래를 열어주는데 한톨의 씨앗이 될 것을 확신한다. 현재도 그렇지만 앞으로도 건강과 웰빙에 커다란 도움을 줄 것이다.

과학의 발전은 때로는 더디게 느껴질 수 있지만, 결국 우리 삶을 더 풍요롭고 편리하게 만든다. 오늘 우리가 누리는 편리함이 과거 과학자들의 노력 덕분이듯, 지금 그린 재킷에서 하는 휘선당착 요법 연구들도 미래 세대에게 더 나은 세상을 선물할 것이다.

올해를 유엔은 양자의 해로 정했다. 올해 노벨 물리학상을 수상한 AI 인공지능이 앞으로 우리를 어떤 미래로 이끌지 궁금하다. 인공지능 기술이 발전함에 따라 우리는 더 효율적이고 혁신적인 방법으로 문제를 해결하고, 새로운 가능성을 탐색할 수 있을 것이다.

이러한 변화가 우리의 생활에 어떤 영향을 미칠지, 우회전 에너지에 대해 필자가 주창한 휘선당착 요법은 또 어떤 미래를 열어줄지 기대가 자못 크다.

혁신이 본질적으로 무작위적이고 예측할 수 없다. 미국 MIT대학

의 Endrumegapi 교수는 그의 저서에서 말했다.

오늘날 우리는 기술의 급속한 발전과 더불어 혼란스러운 현대 생활 속에서 균형을 찾아야 하는 필요성을 느끼고 있다. 이런 관점은 Green Jacket과 같은 '휘선(line)필드 요법' 에너지는 창조적 파괴의 원칙을 수용하며 치유와 변화를 위한 새로운 공간을 제공할 수 있지 않을까?

세상은 한 두 사람의 초인이 이끌어가는 것이기 때문이다.

우회전 에너지를 최대로 활성화할 수 있는 방법. 즉 에너지 우주 백신은, 과거는 물론 현재 나아가서 미래의 모든 근원과 마주한다. 우주를 품을 만큼의 놀라운 힘이 전달된다.

제10장

우리는 모두 신의
환희에서 태어났다

● ● ●
우리는 모두 신의 환희에서 태어났다

필자는 상도동의 한 아파트 앞에 도착했다. 봄기운이 감도는 날씨였지만, 마음은 무거웠다. 친구의 소개로 알게 된 여성분, 이제 70세가 된 그녀가 췌장암 3기라는 이야기를 들었기 때문이다. 전원생활을 꿈꾸며 양평에 집을 짓고 새로운 삶을 시작한 지 불과 몇 달 만에 병마가 찾아왔다는 사실은 안타까움을 넘어 비극처럼 느껴졌다.

아파트 문을 두드리자 딸이 문을 열었다. "안녕하세요. 어머니께서 기다리고 계세요." 그녀는 미소를 지으려 애썼지만, 눈가에 드리운 걱정은 감출 수 없었다.

방 안으로 들어가니 그녀가 소파에 기대어 앉아있었다. 고운 얼굴에는 세월의 흔적과 함께 병마와 싸운 흔적이 엿보였다. 하지만 그녀는 환하게 웃으며 말했다.

"멀리서 와주셔서 고맙습니다."

필자는 그녀에게 우주 에너지와 치유에 관한 이야기를 시작했다.

"우리는 모두 우주 에너지와 연결되어 있습니다. 그 에너지는 우리의 몸과 마음을 회복시키는 힘을 가지고 있죠."

그녀는 고개를 끄덕이며 이야기를 경청했다. 필자는 준비해 온 에너지 측정 기구를 꺼내 그녀의 몸과 집 안의 기운을 살폈다. 결과는 예상대로였다. 에너지가 안으로 빨려 들어가는 좌회전 흐름이었다. 이는 몸과 마음이 쇠약해졌다는 신호였다.

"이곳의 기운이 약간 무겁습니다. 하지만 걱정하지 마세요. 조금씩 바꿔나갈 수 있습니다."

필자는 그녀에게 긍정적인 에너지를 불어넣으려 노력했다. 그녀는 조용히 말했다.

"사실 저와 남편은 바비큐 집을 운영하며 평생 일만 했어요. 이제 좀 쉬면서 자연 속에서 살고 싶었는데…. 이런 일이 생길 줄은 몰랐죠."

그녀의 목소리에는 아쉬움과 체념이 섞여있었다. 필자는 그녀에게 우주 에너지를 활용한 명상법을 알려주며 말했다. "매일 아침, 깊게 숨을 들이쉬며 우주의 생명 에너지가 당신의 몸에 스며든다고 상상해 보세요. 그 에너지가 당신의 아픈 곳을 치유하고 있다고 믿으세요."

그녀는 눈을 감았다. 방 안에는 잠시 고요함이 감돌았다.

필자는 그녀의 눈을 바라보며 마지막 조언을 건넸다.

"모든 것이 그렇지만 정신이 중요합니다. 행동도 그렇고요."

그녀는 의아한 표정을 지었다. 필자는 계속해서 설명했다.

"오늘 우주 에너지 백신으로 에너지를 잡아드렸는데 한 일주일에서 보름 있으면 일단 정신이 맑아지실 겁니다. 몸도 좋아지는 것을 느끼실 거고요. 그렇지만 긍정적인 생각과 행동이 무척 중요합니다."

필자는 잠시 숨을 고르고 이어 말했다.

"생각과 긍정적 행동에 지자기가 흐르지요. 삶의 목적을 어디에 두느냐가 그 사람의 행동과 인생을 결정하는 것입니다. 그러니까 삶의 목적을 어디에 두느냐 중요합니다. 아직 70이시라고 하던데 한창이지요. 그래서 아직이라 썼습니다."

그녀는 천천히 고개를 끄덕였다. 필자는 그녀의 손을 부드럽게 잡으며 말을 이었다.

"운동도 하시고 취미생활도 가지세요. 사람도 만나고 놀러도 다니면서 활력 있게 하루를 살아가는 것을 노력하시면 더 좋은 치유 효과가 있을 겁니다."

그녀의 눈에 의문이 스쳐 지나갔다.

"몸에 손 하나 안 대고 우주 백신을 맞는다고요?"

필자는 미소를 지으며 대답했다.

"네, 그렇습니다. 하지만 측정기에 나타나는 것을 아까 보여드렸죠? 그것은 보이지 않는 우주의 에너지입니다. 저 은하계 세계에서 온 것이지요."

필자는 잠시 생각에 잠겼다가 다시 말을 이었다.

"모든 것이 그렇지만 정신이 중요합니다. 행동도 그렇고요."

"?"

"오늘 에너지를 잡아 드렸는데 한 일주일에서 보름 있으시면 일단 정신이 맑아지실 겁니다. 몸도 좋아지는 것을 느끼고요. 그렇지만 긍정적인 생각과 행동이 무척 중요합니다.

생각과 긍정향동에 지자기가 흐르지요. 삶의 목적을 어디에 두느냐가 그 사람의 행동과 인생이 결정되는 것입니다.

일단 우주 에너지는 백신으로 해결했지만, 본인의 자세 또한 중요하다는 겁니다. 운동도 하시고 취미생활도 가지시고 사람도 만나고, 그리고 놀러도 다니면서 활력 있게 하루를 살아가도록 노력하심 더 좋은 치유 효과가 있을 겁니다. 왜냐하면, 이 우주 에너지는 기의 세계이니까요.

몸에 손 하나 안 대고 우주 백신을 맞느냐고 하시겠지요. 하지만 측정자(L 로드)에 나타나는 것을 아까 보여드렸잖아요. 그것은 보이지 않는 우주의 에너지입니다. 저 은하계 세계에서 온 것이지요. 심장은 우리 뇌보다 많은 자기장을 형성합니다. 누군가가 미웠거나 보고 싶거나 두렵거나 할 때, 그 생각이나 느낌만으로도 심장에 전달됩니다. 이 심장은 또 여러 작은 감정과 에너지가 속행되고, 신체로 전달되는 거죠.

그것은 자기장입니다. 자기장이 파동으로 세포들을 흔들면서 감정이 감각으로 환원 내지는 이완되어 이것이 행동으로 분발됩니다.

좀 어려운 말씀인지 모르지만 신체 치유에 있어서 양자장은 생명 에너지장으로 신체의 치유와 자연치유력 사이를 조절하는 힘입니다. 때문에 동양의학에서 인체의 에너지 균형이 깨지거나 막혀서 에너지의 흐름이 원활하지 못하면 질병이 생긴다고 하듯이 파동의학에서도 양자 에너지장의 혼란을 질병의 원인으로 보았습니다.

이와 같은 원리로 양자 파동장은 자연치유력을 향상시켜 인체의 균형을 맞추어 건강을 유지하는데, 양자 파동장에 불균형이 생기면 막힌 부위의 혈액 순환이 원활하지 않고, 혈액 순환이 원활하지 못하면 백혈구와 항체가 부족해지고 면역력이 감소하여 세균이 침입합니다. 양자 파동장에 교란이 생기면 항상성이 이상이 생겨 질병이 발생할 수 있는데 양자 파동장은 인체의 생명 에너지장이 우리 몸의 치유와 자연치유력 사이를 조절하고 통제하는 힘으로 양자 파동장의 균형이 깨지면 질병이 생긴다는 것입니다.

그러니까 우주 에너지를 잡는다는 것은 그런 일종의 자기장 파동을 잡는 것입니다. 이해되시지요?"

그녀는 깊은 생각에 빠진 듯했다. 필자는 그녀의 어깨를 가볍게 두드리며 말했다.

"이젠 전원주택에서 알콩달콩 노후를 즐기려 하신 그 마음, 그것도 삶의 목적이에요. 딸 집에서 계시는 것보다 그냥 사셨던 양평 전원주택에 가시고, 중앙대 병원에 다니신다고요? 그리로 통원 치료하면 좋을 것 같아요."

그녀의 눈이 반짝였다.

"정말요? 하지만 거기도 수맥이…."

필자는 그녈 안심시키듯 말했다.

"여기 계셔도 좋고, 양평에 내려가셔도 좋아요. 수맥은 어디나 있습니다. 아프신 분들이 잠자는 곳, 앉는 곳에는 수맥이 언제나 있다. 마치 쫓아오는 것처럼 말이죠. 하지만 그것을 두려워하지 마세요. 우리가 마음을 다스리고 긍정적인 에너지를 받아들이면, 그 수맥도 우리에게 좋은 영향을 줄 수 있습니다. 제가 아까 보셨지요? 여기 수맥 잡는 거. 거기 양평도 친구와 함께 언제 한번 드릴게요. 수맥파 잡아드릴게요."

그녀의 얼굴에 희미한 미소가 번졌다. 필자는 그 미소를 보며 생각했다. '이제 시작이구나. 우주의 에너지와 함께 그녀의 새로운 여정이 시작되는 거야.'

필자는 마지막으로 말했다.

"기억하세요. 사모님의 마음과 행동이 우주 에너지와 함께 춤을 추는 거예요. 그 춤을 즐기세요. 그것이 바로 치유의 시작입니다."

그녀는 고개를 끄덕이며 눈을 감았다. 그 순간, 방 안에 따뜻한 기운이 감돌았다. 마치 우주가 그녀의 새로운 시작을 축복하는 것 같았다. 필자는 에너지에 대한 책자를 드리고 우주 에너지와 백신을 설명한 후 나왔다.

"일단 우주 에너지는 백신으로 해결하였지만 본인의 자세 또한 중요하다는 겁니다."라는 말을 잊지 않았다.

고운 얼굴에 고생한 주름이 아직 70이면 한창인 나이인데 뭐라 말할 수 없는 안타까움이 일었다. 며칠 후, 그녀의 딸로부터 전화가 왔다.

"어머니께서 많이 좋아지셨어요. 잠도 잘 주무시고, 목소리도 예전 같아요."

"아 그렇죠, 좋아지신다고 그랬잖아요."

"고마워요. 그런데 전에 권유하신 대로 양평에 가계세요."

"네, 잘됐군요."

"그곳에 한번 방문해 주시면 좋겠는데요. 저희 아파트에 오셔서 수맥파를 잡은 것처럼 거기도 잡아주셨으면 해요."

"그렇게 하지요. 시간 내어볼게요. 서로 편안한 시간에."

분명 몸이 좋아지고 있다는 신호였다. 어떻게 보면 신비주의적 기 요법인데 이것을 받고부터 더 나아졌다는 신뢰가 없으면 두 번째 부탁은 이루어지기 어려운 일이었기 때문이다.

그로부터 한 달쯤 지났을 무렵 양평으로 갔다. 방사선 치료를 8번 받았고 낼 모래 9번째 받으러 간다는 어머니는 정상인보다는 못하지만 살이 빠진 얼굴에 얼굴색도 윤기 반반했다. 대개 서너 번 방사선 치료를 하고 나면 초죽음 되어 몸이 말이 아니라는데 진짜로 많이 좋아진 듯했다. 그 모습을 보자 기분이 좋았다.

제법 넓은 정원을 가지고 있는 그녀의 집은 찜질방까지 갖추고 있었는데 서울 아파트 딸의 집에 있는 것보다 여기가 훨씬 편하고 좋다고 한다. 필자는 두루두루 댁내를 돌아보았다. 이곳저곳 수맥파동이 난무했다. 이런 수맥파를 두르고 사는데도 치유가 잘되고 있다니 놀라웠다. 아마도 상도동에서 신체의 기운 우주 백신을 확실히 접종해 놓은 덕인 듯했다. 그녀 앞에서 수맥 파동을 체크하고 맥을 잡아 수맥을 일소시키는 작업을 진행했다.

집 전체가 대상이었다.

수 분만에 많은 수맥파를 동시에 잡아 측정자로 보여주었다. 수맥파가 동시에 날아가는 것을 보고 아주머니는 놀라는 기색보다 안도하는 것 같은 표정을 지었다.

한 달 전 처음 상도동 딸 아파트 집에서 만났을 때 수맥파를 잡는 것을 본 적 있었기 때문에 학습 효과를 거쳐서 신기하지 않은 것 같았다.

그러나 내심 남들이 이곳 집을 명당이라고 하도 했기에 수맥은 없을 것이라고 단언했는데 이제야 수맥파가 모두 없어진 것에 비중을 둔 듯했다.

"아마도 더 좋아지실 겁니다."

나는 확신에 찬 목소리로 말했다.

"의사 선생님도 많이 좋아졌다고 하대요. 간으로 퍼진 것도 거의 안 보인다고 하던데."

어머니의 말에 나는 고개를 끄덕이며 대답했다.

"네, 그러나 늘 조심하시고 운동 게을리하지 마세요. 무엇보다 긍정적인 생각이 중요하다는 것 다시 한번 말씀드려요. 우주의 에너지는 우리가 믿고 받아들일 때 더 큰 힘을 발휘합니다."

필자는 긍정을 다시 한번 강조하고 집을 나왔다. 흔쾌한 마음이 가슴 전체에 출렁였다. 그녀의 회복은 단순한 병세의 완화를 넘어 삶에 대한 희망과 긍정적 태도를 되찾는 과정이다. 필자는 그 과정에서 인간의 선택과 믿음, 그리고 우주와의 연결이 얼마나 중요한지를 다시금 깨달았다.

그녀는 이제 더 밝은 표정으로 하루하루를 살아가고 있다. 그리고 그 모습을 떠올리며 생각했다. '우리는 모두 우주의 일부이며, 우리의 선택과 믿음이 세상을 변화시킬 수 있다.'

필자는 우주의 에너지를 받아들이고 나서 늘 기분은 마치 슈퍼 히어로가 된 것 같다. 하지만 곧 깨달았다. 이 우주 백신을 맞아드리는 일은 보람 있지만, 이 에너지만으로는 부족하다는 것을 말이다.

그것은 우주 에너지와 함께 삶의 목표 지향성이다. 삶의 목표를 어디에 두고 있느냐에 따라서 치유가 온전해진다.

생각이 긍정적이고 행동도 그에 수반되어야만 제대로 된 우주 백신의 효능을 발휘한다. 가끔 필자는 아침 거울을 보며 필자는 자신에게 물어보았다.

"오늘의 나는 어떤 모습일까?"

때로는 대답하기 어려울 때도 있었다. 하지만 이렇게 나를 들여다보는 작은 습관이 큰 변화를 만들어낸다는 것을 안다. 긍정적인 생각은 마치 정원을 가꾸는 것과 같다. 매일 조금씩 돌보지 않으면 잡초가 자라나듯, 부정적인 생각들이 마음을 채워간다. 그래서 필자는 매일 조금씩 긍정의 씨앗을 뿌리고 물을 주는 습관을 들인다.

우리의 믿음과 신념도 때때로 점검이 필요하다. 마치 오래된 지도를 새로운 정보로 업데이트하는 것처럼, 우리의 생각도 새로운 경험과 지식으로 갱신해야 한다.

그리고 무엇보다 중요한 건, 우리를 행복하게 만드는 일을 찾는 것이다. 어떤 일을 할 때 시간 가는 줄 모르고 빠져드는가? 그런 순간들을 찾고 더 자주 경험하려고 노력해야 한다.

이런 작은 노력이 모여 우리를 우주의 한 조각으로 만들어가는 것이다. 우리는 모두 우주의 퍼즐 조각이라면, 우리의 모양을 찾고 다듬는 일은 평생의 과제이다.

사실 우리는 때때로 작은 실패를 경험한다. 처음에는 좌절감이 밀려온다. 하지만 이런 생각을 해보자. 반동형성(反動形成, 억압된 욕구가 반대 경향의 행동으로 나타나는 일).

"이것은 우주가 우리에게 보내는 메시지가 아닐까?"

그렇다. 우리가 흔히 '실패'라고 부르는 이 사건들, 사실은 우주가 우리에게 보내는 특별한 신호일지도 모른다. 동시성이라고 우연이 아닌 의미 있는 우연. 우주는 이런 방식으로 우리와 소통하고 있을 수도 있다.

우리는 실패를 두려워하지 말아야 한다. 오히려 그것을 우주의 새로운 메시지로 받아들이는 슬기가 필요하다. 우리가 해야 할 일은 스스로 이 신호를 재빨리 알아차리고, 우리 목표와 방향을 조금씩 수정해 나가는 것이다.

시행착오는 피할 수 없다. 그것은 마치 미로를 탈출하는 과정과 같다. 때로는 막다른 길에 부딪히기도 하지만, 그때마다 우리는 새로운 길을 찾아내게 된다.

이렇게 생각하면 실패가 두렵지 않을 것이다. 오히려 설레는 마음이 들 것이다. 우주가 나에게 어떤 메시지를 보내고 있는지, 그리고 그 메시지를 통해 내가 어떻게 성장할 수 있을지 기대해도 된다.

오늘 겪은 작은 좌절들이 있었다면 다시 한번 들여다보자. 그 속에 숨겨진 우주의 메시지를 발견할 수 있을지도 모른다.

이것도 우주가 나에게 보내는 메시지가 아닐까?

오늘날 우리 사회를 둘러보면, 원인 모를 고통에 시달리는 이들을 쉽게 발견할 수 있다. 한 집 건너 한 집은 현대적 병마와 싸우고 있다고 해도 과언이 아니다. 조현병, 암, 난치병부터 치매, 알츠하이머, 우울증에 시달리고 있다. 만성 피로, 지속적인 신체 통증, 수면장애, 잦은 두통 등 일상을 괴롭히는 증상들도 빼놓을 수 없다. 그 고통의 스펙트럼은 실로 다양하다.

이러한 신체적 고통 외에도 정신적 고통 역시 만연한다. 스트레스와 트라우마로 힘들어하는 이들, 가족의 질병으로 인한 스트레스에 시달리는 이들, 여러 병원을 전전하며 희망을 잃어가는 이들…. 그들의 고통은 깊고도 넓다.

더불어 삶의 흐름 자체에 어려움을 겪는 이들도 있다. 일상과 계획이 원활히 진행되지 않아 좌절하는 사람들, 자신의 삶이 불운하다고 느끼는 이들, 무엇을 해도 잘 풀리지 않는다고 생각하는 이들, 그리고 두려움과 불안으로 인해 자신의 목표를 향해 나아가지 못하는 이들까지. 이 모든 고통은 우리가 우주 에너지와의 조화를 상실했음을 말해 준다.

우리 주변에 맴도는 힘든 일들, 고통에 겨운 일들이 얼마나 많은가? 알 수 없이 일어나는 일들, 병과 혼돈이 중첩되어 오는 일들, 그들을 그저 운명에 머물게 둘 것인가? 어느 땐 어쩔 수 없다는 한계란 이름으로 또는 불가항력이란 이름으로 호도하기만 할 것인가? 이 에너지는 어디서 오며 그 반응은 무엇이고 어떤 영향을 미치는가? 이들을 정면에서 마주하면 어떨까? 어떻게든 인생에 변화를 가져다준다면, 우리네 삶을 컨트롤할 수 있다면…. 이 조건을 앞에 두고 실제적이며 실증적인 새로운 인류 창조가 이루어진다면 얼마나 좋을까? 제시하는 화두가 과학의 변방에서 더 이상 머물지 않도록 필자는 경험한 것들을 전파하고자 했다. 그것은 바로 우주 에너지, 즉 우회전 에너지를 이해하고 붙잡는 것이다. 이것이 이 세상은 가능성의 세계라는 것을 밝히고 싶었다.

이 에너지는 마치 천사와 같아서, 우리의 삶에 활력을 불어넣고 긍정적인 변화를 가져다준다. 휘선당착 요법이라 불리는 이 방법은, 우회전 에너지를 당겨서 확대 착상하는 것인데, 우리 내면의 양(陽)의 기운을 활성화하고 생명력을 북돋아 줄 것이다.

이것부터 시작하자. 이 여정은 우리의 호기심과 탐구 정신이 우리를 더 넓은 세계로 이끌어 줄 것이라 믿는다. 과학의 변방에 머물러 있던 현상들을 정면으로 마주하고, 그 속에서 새로운 지식과 통찰을 얻을 수 있기를 희망한다. 이것이 바로 우리가 나아가야 할 방향이며, 인류 문명의 새로운 장을 열어갈 열쇠가 될 것이다.

"박력 있게 쓰라"는 노신사의 당부는 양자 중력 이론이 시공간 구조를 재정의하듯 생체 에너지장 재편성을 요구하는 메시지이다. 마찰전기 하베스터의 출력 측정(우리 일상생활 중에서 버려지거나 활용되지 못한 미세한 에너지를 모아 전기로 재활용하는 혁신적인 신재생 에너지 기술)처럼 에너지 흐름 정량화 모델을 제시하며, 산업 혁명기 석탄 에너지가 사회 체제를 뒤바꾼 것처럼 개인 삶의 패러다임 전환을 도모한다.

이 책은 단순한 활용 매뉴얼이 아닌 21세기 의식 진화의 도구로, 양자장론이 입자 본질을 재해석했듯 생명 에너지의 근원적 코드 해독을 시도했다. 독자가 글을 덮을 때쯤엔 '에너지가 바꾼 세상'이 은유가 아닌 물리적 현실로 다가올 것이며, "정말 새로운 발견이군요!"라는 탄성은 인간 잠재력에 대한 새로운 정의가 시작되길 바란다. 우회전 에너지가 암 치료에 기여하든 창의적 돌파구를 마련하든, 그 열쇠는 찾는 자의 손안에 있다. 이 책은 그 열쇠를 돌릴 용기의 힘을 전하는 에너지 혁명의 서막이기를 간절히 원한다.

필자는 보다 섬세한 가치를 위해 그린 재킷이란 상호를 정했다. '녹색 재킷을 입혀 드리겠다'는 야심에 찬 포부이다. '그린 재킷'을 입는다는 것은 곧 자신의 삶에서 최고의 상태를 추구하고 성취한다는 의미이다. 필자에게 '그린 재킷'은 더 이상 골프 코스에만 국한되지 않는다. 그것은 일상의 승리, 삶의 정상을 상징한다. 필자는 이 '그린 재킷'을 통해 모든 이에게 승리의 기회를, 성공의 에너지를 전하고자 한다. 질병을 이겨내고, 사업에서 성공하고, 행복한 가정을 이루는 것. 이 모든 것이 필자가 꿈꾸는 '그린 재킷'의 모습이다. 오늘도 필자는 꿈을 꾼다. 언젠가 이 땅의 모든 사람이 '그린 재킷'을 입는 날을~. 그날까지 필자는 우주의 에너지를 당겨서, 승리의 기쁨을 함께 나눌 것이다.

우회전 에너지를 잡으면 가능한 일이다. 그것은 양자장과 토션 필드와 극성 에너지를 조화시킨 휘선당착 요법이 담당한다. 누구든 원하는 자는 초록빛 재킷을 입고 승리의 깃발을 꽂기를 바란다.

● ● ●
우회전 에너지를 잡아라!

 이 책의 내용은 에너지 '우주 백신'을 주제로 하고, 인간의 활력진 웰빙에 대한 고민이 포함되어 있다.
 여러 고증과 문헌 그리고 블로그와 유튜브 등을 서핑하고, 세상에 아직 밝혀지지 않은 우주의 에너지를 다루었다. 이 책의 내용은 지금까지 우리가 알고 생각했던 에너지에 대한 관념을 새롭게 부각시킨 이설이기도 하다. 우리의 생각, 우리의 힘, 그리고 우리의 행동에 대한 부추김이다. 우회전 에너지를 잡는다는 것은 모든 일들이 형통하게 된다는 것이 핵심 주제였다.

 '롸잇 에너지(Right energy), 우회전 에너지를 잡아라!' 우회전 에너지는 마치 우리 몸속에 숨겨진 발전소처럼 작동한다.
 우주의 거대한 질서부터 양자 세계의 미세한 진동까지, 모든 에너지원을 하나로 묶어 창의성과 건강을 일깨우는 시스템이다.
 에너지의 기둥, 우주 발전소 블랙홀의 질서를 보면 마치 태양이 지구에 에너지를 공급하듯, 블랙홀은 은하계 차원의 에너지 패턴을 생성한다. 이는 도시의 전력망처럼 우주적 규모로 에너지 흐름을 조직화한다. 예를 들어 북극성이 항해자의 길잡이가 되듯, 블랙홀의 회전은 에너지 방향성을 결정하는 것이다.

양자 WiFi 불연속 네트워크에서는 스마트폰이 WiFi 신호를 받듯, 우리 세포는 양자장 에너지와 소통한다. 이는 공기 중에 존재하는 무형의 인터넷처럼, 순간적으로 연결되었다 끊어지는 에너지 교류를 가능하게 한다.

공간 비틀기 토션필드 에너지는 젖은 수건을 비틀 때 물기가 빠지듯, 공간을 비틀어 에너지를 추출하는 원리이다. SF 영화의 워프 드라이브 개념을 현실화한 것으로, 에너지가 공간 구조 자체에 저장되는 특성을 활용한다.

음양 밸런스 극성 에너지를 보면 낮과 밤이 조화를 이루듯, 상반된 에너지의 균형을 유지한다. 마치 스마트폰 배터리가 충전과 방전을 반복하듯, 에너지 흐름의 리듬을 창의성으로 전환하는 메커니즘이다.

이 모드를 조합하여 필요한 에너지만 추출한 휘선당착 요법은 통합 시스템의 작동 원리에서 볼 때 에너지 통합 개념도 창에 달린 압전(壓電, 결정체가 장력이나 압력 및 변형력을 받아 비틀림이 생기면 결정체 내부에 분극 또는 전압이 발생하는 현상. 1880년에 퀴리 부부가 발견하였다.) 소재가 걸을 때마다 전기를 생산하듯, 이 시스템은 서로 다른 에너지원을 실시간으로 변환한다. 태양광과 풍력을 동시에 쓰는 재생 에너지 하이브리드 방식처럼, 양자장 토션장 극성 에너지 중 한 에너지원이 약해지면 다른 원천이 보완하는 지능형 그물망을 구성했다.

이 요법은 앞으로 일상 속 적용 사례가 비등할 것인데 암세포가 당을 과도하게 소비하는 특징을 활용, 에너지 공급 경로를 재설계하여 암세포 에너지 차단할 것이다.

또한 뇌의 기본 리듬(8-12Hz 알파파)과 에너지 공명을 유도해 아이디어 창출을 최적화하여 창의성이 폭발할 것이다. 상처가 생겼을 경우 그 부위에 음이온, 양이온 균형을 맞춰 세포 재생 속도를 향상시켜 자가 치유를 촉진하기도 할 것이다.

이런 에너지의 긍정성은 '우주 백신을 맞자'는 슬로건으로 개발된 '휘선당착' 요법이 시스템과 일맥상통한다. 이들 에너지의 진정한 혁신은 '에너지 언어 번역기' 역할에 있다. 마치 스마트폰이 다양한 앱을 하나의 OS에서 구동하듯, 물리적, 생물학적, 양자적 에너지를 상호 변환하는 유니버설 인터페이스를 갖추고 있다. 우리가 Wi-Fi 신호를 보이지 않아도 당연하게 사용하듯, 미래에는 이 에너지 네트워크가 병증에 시달리거나 사는 게 고달프거나 좀 더 이상을 향해 올라가려는 적극적인 사람들에게 천사가 될 것이다.

우리가 매일 보는 하늘에 비행기가 지나가면 하얀 선이 생기듯, 이 에너지들도 보이지 않지만 분명히 우리 곁에서 춤추고 있을 것이다!

『우회전을 잡아라 - 롸잇 에너지』, 이 책은 이미 우리 몸 안에 숨겨진 마법 상자를 찾는 이야기다! 지구를 떠받치는 보이지 않는 거대한 손(양자 중력 이론), 이 공간을 레고처럼 조립하듯 우리 몸속 에너지도 새롭게 배열된다. 마찰하면 번개가 치는 장난감 자동차(마찰전기차)처럼 에너지 흐름을 눈으로 보여주는 특급 측정기가 등장한다.

1800년대 기차를 움직인 석탄처럼 에너지는 우리 삶을 완전히 새롭게 바꾼다. 마치 동화 속 주인공이 마법 지팡이를 손에 쥐면 세상이 빛나기 시작하듯, 이 책은 에너지로 가득 찬 '생명 지도'를 선물해 준다. 양자 세계의 비밀 코드를 푸는 과학자처럼, 우리 몸속 에너지의 비밀번호를 찾아내는 방법을 알려준다.

암을 물리치는 힘은 마치 몸속 경찰이 나쁜 세포에게 "너 여기서 나가!"라고 외치는 것처럼 작동한다. 창의성은 머릿속에서 폭죽이 터지듯 아이디어가 쏟아지는 현상! 이 모든 게 에너지 '우주 백신' 조절로 가능하다니, 진짜 마법 같다!

책은 단순한 설명서가 아니라 '에너지 탐험 키트'이다. 열쇠는 이미 우리의 주머니에 있다. 이 책은 그 열쇠로 문을 열면 튀어나올 놀라운 세계를 보여주는 안내판이다. 로켓 발사 버튼을 누르기 직전의 긴장처럼, 이 순간이 바로 여러분의 에너지 혁명 시작 신호탄이다! 발굴하는 고고학자처럼, 우리 몸속 에너지 발자국을 찾아 떠나는 모험이다. 글을 다 읽을 때쯤이면 에너지가 단어가 아니라 손바닥에서 따뜻하게 느껴질 것이다! "우와! 이게 진짜야?"라고 소리치게 될 이 발견은, 마치 첫사랑을 만나는 설렘처럼 모든 것을 새롭게 시작할 힘을 준다.

끝으로 이 책을 쓴 필자는 물리학자가 아니다. 그래서 이 책을 쓰는 동안 정말 조심스러웠고, 더 많은 자료를 찾아보려고 노력하였다. 어떤 부분은 조금 대담하고 기존의 과학과 다른 이야기가 있을 수도 있다. 또 글의 흐름이 매끄럽지 않거나, 같은 이야기가 반복되는 부분도 있을 것이다. 하지만 이 모든 건 우회전 에너지를 더 쉽게 이해할 수 있도록 하기 위해서였다. 그러니 글의 원래 뜻만 잘 살펴봐 주셨으면 좋겠다. 이 책을 읽고 에너지의 신비로운 세계를 조금이라도 느낄 수 있다면, 살아가는 데 도움이 된다면 정말 뿌듯할 것이다.

Q&A

묻고 답하기

자주하는 질문

Q 에너지 '우주 백신' 원리가 무엇입니까? 어떻게 몸에 손도 안 대고, 약도 안 주면서 모든 일이 잘되게 해줄 수 있을까요?

A 간단합니다. 우주는 온통 자기장이 둘러있고, 신체 또한 이 자기장의 영향을 받습니다. 심장을 예로 들었을 때 누군가를 보고 싶을 때 설레며, 긴장을 하면 쫄아듭니다. 이것은 신체에 미리 전자기 파동이 심장에 부딪고 반응하는 것입니다.

눈에 보이지 않는 자기장이 신체에 먼저 들어와 반응한다는 사실이 증명되었으니 이 우주의 자기장을 조절할 수만 있다면 심장과 뇌 또는 다른 여러 장기에게도 할 수 있다 할 것입니다. 즉 우주의 자기장 중 긍정의 우회전 에너지를 잡아 착상시켜 치유와 힐링을 도모할 수 있습니다.

과학자들은 자연계의 자기장 변화가 인간의 생리적 반응에 영향을 줄 수 있으며, 일부 연구들은 자기장이 인체의 신경계와 상호 작용하여 기분이나 감정 신체적 반응에도 영향을 준다고 연구했습니다.

다시 쉽게 말하면 우리가 감정을 느낄 때 심장은 전기와 자기 파동을 만듭니다. 심장의 에너지가 전자기파를 만들어 에너지 필드가 반응합니다. 인간의 심장은 가장 강력한 전자기장 발전기입니다. '에너지 백신'은 우주에 퍼진 전자기장을 당겨 심장 등 신체에 착상시켜 활력의 엔진을 고정시켜 줍니다.

필자는 이 연구에 조점을 두고, 에너지 중 우회선 에너지를 당겨 에너지가 빈약하여 필요한 사람들에게 착상시켜 드리는 일을 합니다. 이것은 '휘선당착' 요법으로부터 그 이론을 제공받습니다. 이 요법은 즉석에서 의뢰자의 우주 에너지를 측량해 드릴 수 있으며, 또한 우주 백신을 착상시킨 퍼센트(%)도 눈앞에서 바로 보여드립니다. 자기장을 조절하여 적용시킵니다. 관건은 어떻게 우주 에너지 중 우회전 에너지만을 잡아당기고 고정시키느냐가 비법이겠지요.

Q 질병이 생기는 이유는 양자장 에너지 관점에서 어떻게 보나요?

A 신체 치유에 있어서 양자장은 생명 에너지장으로, 신체의 치유와 자연치유력 사이를 조절하는 힘입니다. 때문에 동양의학에서 인체의 에너지 균형이 깨지거나 막혀서 에너지의 흐름이 원활하지 못하면 질병이 생긴다고 하듯이 파동의학에서도 양자 에너지장의 혼란을 질병의 원인으로 보았습니다.

이와 같은 원리로 양자 파동장은 자연치유력을 향상시켜 인체의 균형을 맞추어 건강을 유지하는데, 양자 파동장에 불균형이 생기면 막힌 부위의 혈액 순환이 원활하지 않고, 혈액 순환이 원활하지 못하면 백혈구와 항체가 부족해지고 면역력이 감소하여 세균이 침입합니다.

양자 파동장에 교란이 생기면 항상성이 이상이 생겨 질병이 발생할 수 있다는 것인데, 양자 파동장은 인체의 생명 에너지장이 우리 몸의 치유와 자연치유력 사이를 조절하고 통제하는 힘으로, 양자 파동장의 균형이 깨지면 질병이 생긴다는 것입니다.

Q 에너지 처방이 위험하거나 부작용은 없나요?

A 전혀 없습니다. 휘선당착 요법 우주 에너지 백신은 우주 에너지를 당겨서 확대하고 착상시켜 놓는 방법입니다. 일체 몸에 손을 대지 않으니 위험할 일이 생길 여력이 없습니다.

Q 우회전 에너지란 무엇입니까?

A 은하계 안의 모든 생명체는 태어나면서 누구나 각자 가지고 있는 우주 에너지입니다. 단지 그것은 양(陽) 우회전 에너지와 음(陰) 좌회전 에너지를 포함하여 비율적으로 가지고 있는데, 그 크기가 얼마만큼이냐의 차이가 퍼센트(%)로 나타납니다. 안 좋은 사람에게는 마이너스(-) %(예, 불치병 환자 또는 일이 안 풀리는 사람) 정도까지 나타나고, 좋은 사람에게는 플러스 (+) %(예, 건강한 사람 또는 일이 잘 풀리는 사람)까지 나타납니다. 여기서 우회전 에너지(+)는 긍정을 나타내며 모든 일이 술술 잘 풀리게 하는 양(陽)으로 생(生)의 기운이라 하고, 좌회전 에너지(-)는 부정을 나타내며 음(陰) 또는 사(死)의 기운입니다. 그럼 이 음의 기운인 마이너스를 가지고 있는 사람에게는 양(陽), 즉 우회전 에너지를 당겨서 착상시켜 주어야 합니다. 그러면 즉시 플러스(+)로 우주 에너지가 바뀝니다. 건강하고 일이 잘 풀리는 양(陽)의 사람들과 같은 에너지가 착상되는 것입니다.

Q 휘선당착 요법이란 무엇입니까?

A 휘선당착(揮當) 요법이란 휘선(揮)은 모든 만물은 선을 따라 이어지고 휘몰아치듯 돈다는 뜻이고, 당착(當)은 이 휘몰아치는 선을 당겨서 착상, 즉 붙잡아놓는다는 뜻입니다. 이 요법은 '우주 백신'이란 에너지에 대한 입체적인 이론으로 무장되었습니다. 원리는 양자장, 토선장, 극성 에너지를 기반으로 하고, 이들의 조화를 통해 에너지 '우주 백신' 이론을 제공합니다.

이 기술은 우주의 원리를 이해하고 에너지의 본질을 간파해 적용함으로써, 우주와 인간 사이의 균형과 근본적인 연결성을 도모합니다. 여기에는 정신적인 것뿐 아니라 물질적인 조치가 동반됩니다. '우주 백신'은 우회전 에너지로 생명력을 상징하며, 긍정을 승화시킨 활력 에너지라고 보시면 됩니다.

Q 휘선당착 요법의 구체적 방법은 어떻게 되나요?

A 현대인들은 고단한 삶을 멍에처럼 짊어지고 살아가고 있습니다. 에너지 백신은 난치병, 불치병 등 여러 질병을 앓고 있는 사람들에게 긍정을 통한 우주 에너지 착상을 돕습니다. 또한 하는 일마다 안 되고, 뭔가 새로운 돌파구가 필요하신 분들이나 지금 잘되고 있지만 보다 더 이상을 꿈꾸는 사람에게 긍정적인 변화를 위해 활력의 에너지를 증강시킵니다.

기력이 없으면 죽습니다. 이 말은 누구나 알고 계실 것입니다. 살아있는 생명에게 기(氣)는 힘입니다. 기에 모든 것이 달린 것이 틀림없습니다. 이 기를 제대로 회복시키고 자력시키는 것이 휘선당착 요법입니다. 이 요법은 우회전 에너지를 통한 우주의 기 에너지를 추구합니다.

현대 주변에는 여타의 기를 주장하고 실행하는 곳도 많이 있습니다. 그러나 기란 받을 때 그때뿐입니다. 기 치유를 받을 때는 나아진 것 같고 활기가 생기지만, 기 치유를 받지 않을 때는 다시 원위치로 돌아옵니다. 휘선당착 요법은 우주 에너지를 따라갑니다. 이것이 핵심입니다. 눈앞에서 언제든 확인시켜 드립니다.

Q 우회전 에너지를 누구나 잡아줄 수 있습니까?

A 누구나 가능합니다. 그가 누구든, 무엇을 하든, 어디에 있든 어떤 상황에 처했든 말입니다. 필자를 추가하십시오.

Q 그린 재킷은 무슨 뜻입니까?

A 미국 프로골프 PGA 4대 메이저 대회 중 하나인 마스터스 대회 우승자에게 입혀주는 옷을 그린 재킷이라 합니다. 그린 재킷을 입는 것은 전 세계 프로 골퍼들의 꿈이자, 골프 마니아들 품격입니다. 그린 재킷은 정상을 상징하기에 이 녹색 옷의 의미를 필자가 상호로 차용했습니다. 휘선당착 요법을 통해 우회전 에너지를 확장시켜 힘든 인생을 사는 사람들에게 또는 지금보다 나은 삶을 살도록 하나의 퍼포먼스 차원에서 꿈과 품격이 상징인 그린 재킷을 희망하는 사람들에게 입혀드리자는 뜻입니다. 인생에 승리를 입히자는 뜻에서 차용한 녹색 옷입니다.

Q 몸에 어떤 물리적인 행사를 합니까?

A 몸을 만지거나 약을 주거나 하는 어떠한 치료행위를 하지 않습니다. 단지 에너지 커넥션 우주 백신을 측량하고 고정시켜 드릴 뿐입니다. 또한 착상시켜 드릴 때도 희망자에게 일체 손 하나 대지 않습니다. 단지 제5의 힘을 알게 하고 실어드립니다. 휘선당착 요법을 통해 우주의 기를 충전하고 회복력을 도울 뿐입니다. 실행 후 바로 그 실행한 에너지가 몇 퍼센트(%)인지 측량합니다.

Q 사업운, 직장운도 잘 트일 수 있습니까?

A 우회전 에너지를 잡으면 가능합니다. 모든 인생은 기력에 의해서 진행됩니다. 그 기를 모으고 착상시켜 드린다면 일단 마음이 평안해집니다. 기의 상승이 일어나기 시작하면 정신이 맑아지고, 건강한 몸도 만들 수 있고, 직장 일도 잘 풀립니다.

Q 농장을 하는데 가축이나 식물들이 잘 자랍니까?

A 우회전 에너지는 가능합니다. 우회전 에너지는 수맥파를 차단할 수 있습니다. 일단 수맥파가 차단되고 우주 에너지를 당겨 고정시키면 그 주변 바운더리 안의 생명체는 건강하게 잘 자랍니다.

Q 못자리가 안 좋다 하는데 이장을 해야 합니까?

A 추천하지 않습니다. 영화 「파묘」에서 보듯 못자리에 문제가 있다고 묘를 파기도 합니다만 그럴 필요 없는 것이 휘선당 착 요법입니다. 필자는 제5의 힘을 즉석에서 적용해 우회전 에너지를 확장시키고 고정해 드립니다. 못자리를 구태여 옮기지 않아도 됩니다. 묘지 앞에서 에너지를 잡아드립니다. 직접 눈앞에서 증명시켜 드립니다. 하지만 정말 드물게 0.02% 정도는 우회전 에너지로 잡을 수 없는 곳도 존재합니다. 사방이 음의 영역으로 둘러쌓여 있어서입니다. 이때는 화장 또는 이장 등을 모색해야 합니다.

Q 멀리 떨어진 외국에도 에너지 측정 처방이 가능합니까?

A 네, 가능합니다. 지하실이나 금고 속, 콘크리트 터널, 먼 거리라도 상관없습니다. 우주 에너지 힘은 빛보다 빠릅니다. 거리나 위치에 장애물에 상관하지 않습니다. 아주 이해할 수 없는 미스터리지만 바로 실증됩니다. 토션필드 에너지입니다. 이제껏 인류는 우주의 에너지를 4%밖에 밝혀진 게 없고, 아직도 나머지 그 96%의 에너지는 모른다고 물리학계에서 밝혔습니다. 그 96%의 밝혀지지 않은 미지의 에너지에 속한 것이라 보시면 될 듯합니다.

Q 앞으로의 계획은 무엇입니까?

A "우주 백신을 맞자!"라는 슬로건 아래 현재 에너지를 체감시키고 주입하는 데 온 힘을 쏟고 있습니다. 앞으로도 계속 여러분과 여러분의 마음과 마음이 더 깊이 연결되고 최고의 잠재력을 발휘할 수 있도록 돕겠습니다. 저희와 여러분의 커리어는 성공할 것입니다.

Q 체험을 하려면 어떻게 합니까?

A 우선 본 책 또는 그린 재킷 홈페이지(www.greenj.org)를 꼼꼼히 서핑해 보십시오. "그럴 수 있구나." 하는 긍정에서 출발하십시오. 궁금하시면 그냥 시험하셔도 좋습니다.
즉석에서 확인시켜 드립니다.

- 본 사이트에 제공된 모든 게시물과 정보는 교육 및 정보 제공의 목적으로만 제공됩니다. 이는 의학적 조언이나 지침으로 해석되어서는 안 됩니다. 어떤 치료든 의사 또는 자격을 갖춘 전문가와 상담하시기 바랍니다.

참고 문헌 및 자료

- Frazer, James George. The Golden Bough: A Study in Magic and Religion. Macmillan, 1922.
- Davies, Owen. Popular Magic: Cunning-folk in English History. Hambledon Continuum, 2007.
- Hutton, Ronald. The Triumph of the Moon: A History of Modern Pagan Witchcraft. Oxford University Press, 1999.
- Ginzburg, Carlo. Ecstasies: Deciphering the Witches' Sabbath. University of Chicago Press, 1991.
- 영화 '마녀사냥(The Witch)', 로버트 에거스 감독, 2015.
- Encyclopædia Britannica, "Shamanism", "Superstition" 항목
- 한국민속학회, 한국의 풍수지리, 2010.
- CrystalWind
- 파동의학의 관점에서 본 짜끄라 명상
- 김태분 선문대학교 통합의학 대학원 자연치유전공 석사학위 논문
- 리비스망/원강사리/에너지 만다라

| 우리를 추가하십시오

우리의 케리어는 성공합니다

우리와 접촉하십시오

☐ 에너지 측정   ☐ 체험/교육   ☐ 회원가입   ☐ 구독/기부

찾고 있는 내용이나 전달하고 싶은 피드백을 알려주세요

접촉을 원하시면 위 글을 작성 후 우편 or 이메일로 보내주시거나
그린자켓 홈페이지 접촉 문의란에 올려주시면 됩니다.

and

www.greenj.org

cada8585@naver.com

(우)15067 경기도 시흥시 군자로 377-1 그린자켓 (에너지 우주백신)

우회전 에너지를 잡아라

펴 낸 날 2025년 7월 28일

지 은 이 백랑
펴 낸 이 이기성
기획편집 최인용, 이지희, 서해주, 권희연
표지디자인 최인용
책임마케팅 이수영, 김정훈
펴 낸 곳 도서출판 생각나눔
출판등록 제 2018-000288호
주   소 경기도 고양시 덕양구 청초로 66, 덕은리버워크 B동 1708, 1709호
전   화 02-325-5100
팩   스 02-325-5101
홈페이지 www.생각나눔.kr
이 메 일 bookmain@think-book.com

- 책값은 표지 뒷면에 표기되어 있습니다.
  ISBN   979-11-7048-538-4 (03420)

Copyright ⓒ 2025 by 백랑기 All rights reserved.
· 이 책은 저작권법에 따라 보호받는 저작물이므로 무단전재와 복제를 금지합니다.
· 잘못된 책은 구입하신 곳에서 바꾸어 드립니다.